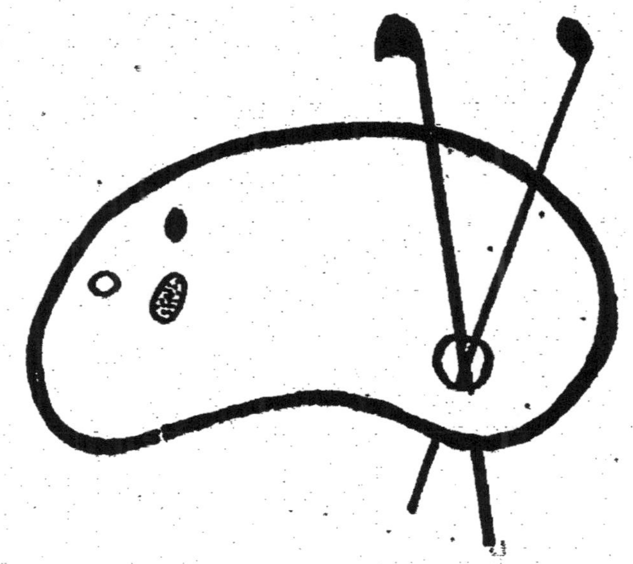

NOUVEAU COURS D'ENSEIGNEMENT PRIMAIRE

# PETITE Histoire de la Bretagne

PAR

**J. LELARGE**
Inspecteur de l'Enseignement primaire.

**E. BOURDON**
Directeur d'École normale.

Avec de nombreuses reproductions de Monuments, Tableaux et Sculptures célèbres, Estampes anciennes, etc.

*Enseignement primaire supérieur. — Cours supérieur et Cours moyen des Écoles primaires élémentaires.*

PRIX : 0 fr. 50

PARIS
*Société d'Édition et de Publications*
Librairie FÉLIX JUVEN
13, RUE DE L'ODÉON (VI^e^)



*...ire est également réunie au Cours Moyen d'Histoire de ...M. ROGIE et DESPIQUES, au prix de 1 fr. 50 cartonné.*

**Hommage de l'Éditeur en vue de l'inscription sur la liste départementale**

*Ce volume est vendu cartonné 0 fr. 50*

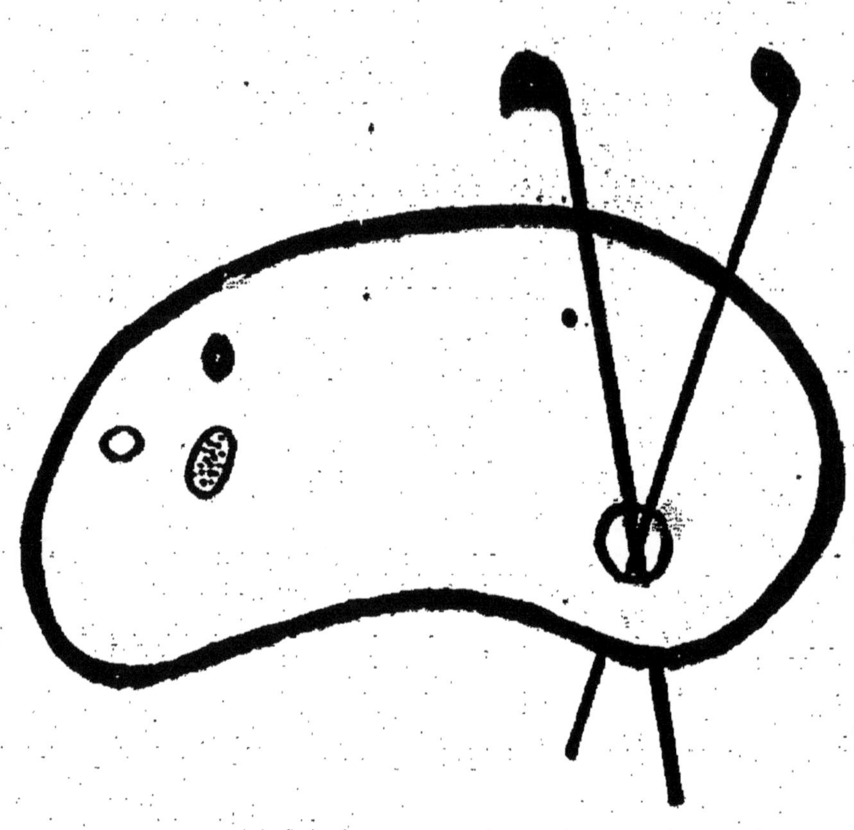

FIN D'UNE SERIE DE DOCUMENTS
EN COULEUR

# PETITE HISTOIRE DE LA BRETAGNE

NOUVEAU COURS D'ENSEIGNEMENT PRIMAIRE

# PETITE Histoire de la Bretagne

PAR

J. LELARGE
Inspecteur de l'Enseignement primaire.

É. BOURDON
Directeur d'École normale.

Avec de nombreuses reproductions de Monuments, Tableaux et Sculptures célèbres, Estampes anciennes, etc.

*Enseignement primaire supérieur. — Cours supérieur et Cours moyen des Écoles primaires élémentaires.*

PRIX :  0 fr. 50

PARIS
*Société d'Édition et de Publications*
Librairie FÉLIX JUVEN
13, RUE DE L'ODÉON (VI^e)

*Cette brochure est également réunie au Cours Moyen d'Histoire de France, par MM. ROGIE et DESPIQUES, au prix de 1 fr. 50 cartonné.*

PETITE

# HISTOIRE DE LA BRETAGNE

## LA PROVINCE DE BRETAGNE

*L'ancienne province de* **Bretagne** *est aujourd'hui divisée en cinq départements : Ille-et-Vilaine, Loire-Inférieure, Côtes-du-Nord, Morbihan, Finistère.*

*Sa situation péninsulaire lui a permis de conserver, plus longtemps que les autres provinces de France, son indépendance et son originalité.*

*La Bretagne est un pays granitique, l'un des plus anciens de France avec le massif central. C'est aussi l'un des plus variés d'aspect et l'un des plus beaux.*

*Autour d'un massif montagneux, se déroulent tantôt des landes désolées, tantôt des plaines fertiles, jusqu'à des côtes magnifiquement découpées, qui font l'admiration des touristes.*

*Energiques, courageux et têtus, les Bretons savent vaincre les difficultés qu'oppose à leur activité une nature souvent ingrate. Ce sont de laborieux cultivateurs et des marins hardis.*

# CHAPITRE I

# LA BRETAGNE. — LES ORIGINES

## I. — LA BRETAGNE AVANT LA CONQUÊTE ROMAINE

(A étudier après la *Gaule indépendante*, page 6 du Cours moyen de l'*Histoire de France*.)

### A) L'AGE DE LA PIERRE POLIE

Aussi loin que nous pouvons remonter dans le passé, nous trouvons la Bretagne habitée par des hommes à demi sauvages, qui se servent d'outils et d'armes en *pierre polie* (haches, couteaux). Ils ont déjà une vaisselle de terre grossière, connaissent les céréales et les animaux domestiques. Ils ont laissé des traces de leur passage dans les *monuments mégalithiques* dont on a longtemps à tort attribué l'érection aux druides.

*La table des Marchands à Locmariaker.*
(Un des plus beaux dolmens de Bretagne.)

*Alignements de Carnac.*

Ces célèbres alignements forment trois groupes : ceux du Menec, de Kermario et de Kerlescan. Ils s'étendent sur une longueur totale de près de quatre kilomètres et comprennent encore plus de deux mille menhirs, dont les plus élevés ont une hauteur de quatre à cinq mètres.

Nulle part ces monuments ne sont aussi nombreux qu'en Bretagne. Les *dolmens* ou tables de pierre (table des marchands à Locmariaker, dans le Morbihan, Roche-aux-Fées à Essé en Ille-et-Vilaine), étaient recouverts de terre et servaient de tombeaux. On ne connaît ni l'usage, ni la signification des pierres debout, qu'on rencontre soit isolées (*menhirs*), soit disposées en rond (*cromlechs*), soit en lignes (*alignements* de Carnac, dans le Morbihan).

### B) LA BRETAGNE GAULOISE

**Arrivée des Celtes.** — A une époque plus rapprochée de nous, mais qu'il nous est impossible de fixer

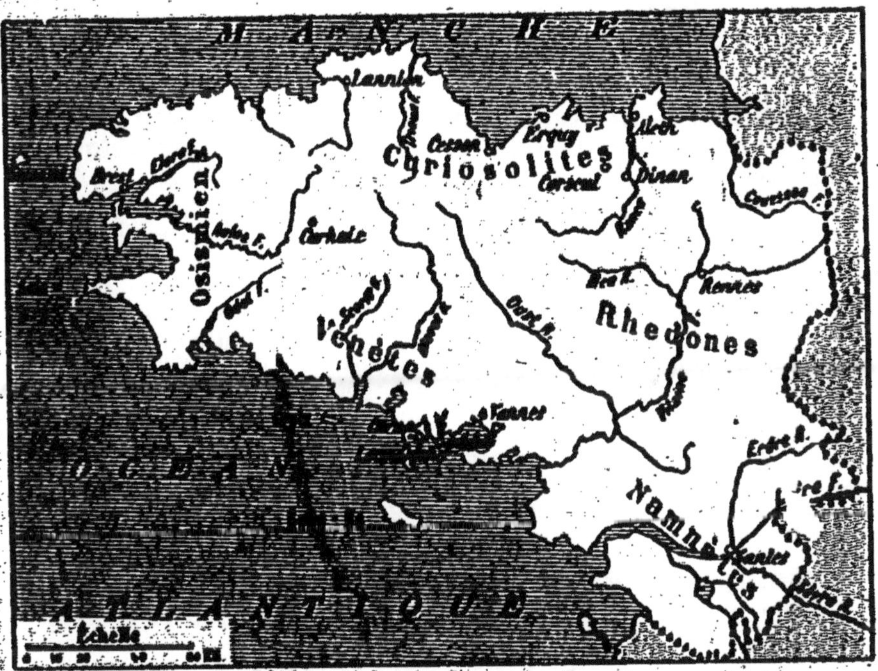


*Carte de la Bretagne à l'époque celtique.*

Cinq peuplades gauloises habitaient alors l'Armorique : les Rhedones (pays de Rennes) ; les Curiosolites (pays de Corseul) ; les Osismiens (pays de Carhaix) ; les Venètes (pays de Vannes) ; les Namnètes (pays de Nantes).

exactement, la presqu'île fut envahie et conquise par des hommes plus nombreux sans doute et en tous cas plus civilisés, puisqu'ils connaissaient l'usage des métaux. C'étaient les **Celtes** ou **Gaulois** qui occupèrent l'ouest de l'Europe et même la Grande-Bretagne. Ce sont eux qui ont donné au pays son nom d'**Armorique** (de deux mots celtiques *ar mor, la mer*).

**Les nations gauloises de Bretagne.** — *Cinq peuples* ou *cités* gauloises se partagèrent la Bretagne actuelle, mais surtout les côtes, car tout le centre, couvert d'une vaste forêt, resta à peu près inhabité.

Les **Namnètes** occupèrent le pays de *Nantes*, les **Vénètes** celui de *Vannes*, les **Rhedones** celui de *Rennes*, les **Curiosolites** celui de *Corseul*, près de Dinan, c'est-à-dire le littoral depuis le Couesnon jusqu'à la rivière de Morlaix, enfin les **Osismiens** le *Finistère* (voir carte, p. 7).

Les plus puissants étaient les Vénètes.

Marins habiles, ils s'étaient enrichis par le commerce avec l'île de Bretagne (Angleterre). Ils possédaient des places très fortes, généralement situées sur des promontoires au bord de l'océan. Il semble que Locmariaker ait été leur capitale.

**Résumé.** — **1.** *Dès l'***âge de pierre,** *la Bretagne était habitée par des hommes qui ont construit les* **monuments mégalithiques** *(dolmens, menhirs), si nombreux dans toute la province.*

**2.** *A l'époque gauloise, cinq peuples occupaient l'***Armorique** *(de deux mots celtes,* **ar mor,** *la mer). Le plus puissant était celui des* **Vénètes,** *marins et commerçants habiles.*

**Questionnaire.** — 1. Par qui fut d'abord habitée la Bretagne? — 2. Que savez-vous sur les monuments mégalithiques? — 3. Que signifie le nom d'Armorique? — 4. Quels étaient les peuples gaulois qui habitaient l'Armorique? — 5. Dites ce que vous savez du plus puissant.

## II. — LA BRETAGNE ROMAINE

(A étudier à la suite de l'*Histoire de la Gaule romaine,* page 11 du Cours moyen.)

**Conquête de l'Armorique.** — *Quand* **Jules César** *voulut conquérir l'Armorique, c'est aux* **Vénètes** *qu'il s'attaqua tout d'abord.*

Son lieutenant, *Brutus*, les attendait à l'embouchure de la Loire avec une flotte de vaisseaux légers qu'on pouvait gouverner, soit à la rame, soit à la voile. Ceux des Vénètes, beaucoup plus lourds, ne pouvaient se mouvoir qu'à la voile.

C'est ce qui les perdit. Un calme plat étant survenu quand ils étaient disséminés sur les flots, ils furent détruits les uns après les autres. Ecoutez le récit de la bataille par un historien contemporain :

« Les Barbares, qui ne connaissaient pas l'usage de l'arc, et qui n'avaient pas fait provision de pierres, pensant ne pas en avoir besoin, si quelqu'un de leurs adversaires marchait jusqu'à eux, le repoussaient assez bien en combattant, mais ceux qui les attaquaient un peu loin, ils n'avaient moyen de rien faire contre eux. Ainsi, ils étaient blessés, ils mouraient, et cela sans pouvoir nullement se défendre. Et leurs vaisseaux étaient assaillis, brisés, ou bien on y mettait le feu et ils brûlaient... En voyant cela, des hommes qui restaient encore sur les navires, les uns se tuèrent, pour n'être pas pris vivants, les autres sautèrent dans la mer, soit pour escalader les vaisseaux ennemis, soit pour périr dans les flots plutôt que sous les coups des Romains ».

Après le combat, les Vénètes s'étaient rendus corps et biens. César fit égorger tout leur sénat, vendit le reste de la nation et s'en vante dans ses mémoires.

*Ce fut un coup terrible pour l'Armorique.*

*Cependant, en 52 avant J.-C., lors de la lutte suprême de la Gaule contre les Romains, Vercingétorix recevait 3.000 hommes de chacune des cités armoricaines, sauf des Vénètes épuisés.*

**La domination de Rome. Les villes, les voies romaines. Le christianisme.** — Les cinq nations bretonnes furent comprises dans la **3e Lyonnaise**, une des provinces de l'empire romain.

*Monument du Haut-Bécherel.*
*Ruines romaines de Corseul (Côtes-du-Nord).*
Corseul était à l'époque romaine l'une des villes principales du pays des Curiosolites.

Comme le reste de la Gaule, le pays se civilisa sous l'influence de ses vainqueurs. Le *druidisme* y disparut peu à peu. La langue latine remplaça la langue celtique.

Des villes s'élevèrent et furent réunies par de magnifiques routes pavées, les **voies romaines.**

Les plus importantes étaient celles de **Nantes à Brest** (Gesocribate), par Vannes et **Carhaix,** d'**Angers** à **Corseul,** par Rennes, de **Rennes** à **Coutances** et à **Valognes.** Les noms de chaussée, chemin-chaussée, qu'on rencontre en quelques régions, indiquent généralement le passage d'une voie antique En Basse-Bretagne, on dit : « hent ahez, hent braz, hent coz », chemin d'Ahez, grand chemin, vieux chemin.

Citons encore parmi les villes gallo-romaines, *Aleth* (Saint-Servan) et *Erquy.* Des restes de monuments existent dans un grand nombre de communes du Morbihan (aqueduc de Rosnarho, sur la rivière d'Auray), à *Carhaix,* à *Corseul,* etc..

*Pendant les trois premiers siècles de notre ère, le pays fut très prospère.* Aussi, supportait-il sans se plaindre une domination qui n'exigeait de lui qu'un léger tribut.

*C'est à cette époque que le* **christianisme** *y fut prêché.* Mais la nouvelle religion ne s'implanta guère que dans le sud, où furent fondés trois évêchés seulement : ceux de Rennes, de Vannes et de Nantes.

**Les invasions. — La ruine du pays.** — *Mais, dès le III<sup></sup>e siècle, les* **invasions** *commencent.* Pendant que le gros des Barbares s'avance par voie de terre sur la frontière du Rhin, les Saxons viennent par mer infester nos côtes.

C'est pour les défendre que furent construites des forteresses comme celles du *Yaudet* (près Lannion), de *Cesson* (près Saint-Brieuc) et un grand nombre de camps.

Jusque-là, il avait suffi de quelques centaines d'hommes pour assurer la sécurité de toute la presqu'île. L'effectif des troupes, considérablement accru, s'éleva à 12.000 fantassins et 1.500 cavaliers.

Pour l'entretien des armées, pour le paiement des fonctionnaires de l'Empire, il fallut augmenter les impôts, qui devinrent écrasants, cependant que les envahisseurs ruinaient le pays et y semaient le massacre, le pillage et l'incendie.

Aleth, Corseul, Carhaix sont détruites, probablement par le feu. Partout règne la misère la plus affreuse.

« Il est remarquable que, presque partout, les ruines sont couvertes comme d'un linceul par une épaisse couche de cendre et de matières carbonisées, et il nous paraît hors de doute que l'incendie, allumé par les barbares envahisseurs de notre pays au Ve siècle, a dévoré toutes les demeures, en même temps que leur fureur sauvage détruisait les habitants et faisait de l'Armorique une immense solitude couverte de sang et de débris ».

*Au début du Ve siècle, l'Armorique avait perdu les deux tiers de sa population. Le reste s'était réfugié dans les forêts.*

**Résumé. — 1.** *Au moment de la conquête de la Gaule par* **Jules César,** *la flotte des* **Vénètes** *fut détruite par les* **Romains** *et toute l'Armorique se soumit.*

**2.** *Sous la domination romaine, le pays se civilisa. Des villes s'élevèrent et eurent de beaux monuments. Des routes superbes, les voies romaines, sillonnèrent la presqu'île où régna la plus grande prospérité.*

**3.** *C'est à cette époque que le* **christianisme** *y fut prêché.*

**4.** *Mais au IIIe siècle, les* **invasions** *commencent. Les Barbares ravagent et pillent le pays.*

**5.** *Au début du Ve siècle, il est ruiné et presque désert.*

**Questionnaire.** — 1. Comment furent battus les Vénètes? — 2. César fut-il généreux après le combat? — 3. Que devinrent les nations bretonnes? — 4. Quelles furent les conséquences de la conquête sur la civilisation? — 5. Le pays fut-il prospère sous la domination romaine? — 6. Comment fut-il ruiné et à quelle époque?

## III. — ÉTABLISSEMENT DES BRETONS EN ARMORIQUE

(A étudier après la page 21 du Cours moyen.)

**Les Bretons.**—L'île de **Bretagne** (Grande-Bretagne ou Angleterre) était habitée par des hommes de la même race que les Gaulois. Les Romains les avaient conquis aussi, mais sans les soumettre jamais complètement, et ils avaient continué à parler *la langue celtique*, au lieu d'apprendre le latin. Ils s'étaient convertis au christianisme.

**Etablissement des Bretons en Armorique.** — Comme l'Armorique, leur pays fut en butte aux *invasions* des pirates germains, et à la fin du Ve siècle, ils furent obligés, ou de se réfugier dans la montagne ou de prendre la route de l'exil.

L'Armorique se trouvait à proximité et elle était presque

déserte. Certains de n'y rencontrer que peu de résistance, c'est vers elle qu'ils dirigèrent leurs pas.

Ils y débarquèrent par troupes, souvent conduites par des moines qui ont laissé un souvenir profond dans la mémoire du peuple. Parmi les plus célèbres, citons : *saint Pol, saint Budoc, saint Samson, saint Brieuc, saint Tugdual, saint Gildas, saint Malo, saint Lunaire, saint Gwennolé*, etc.

**Les Bretons** occupèrent la partie de l'*Armorique* que limiterait une ligne qui partirait de l'embouchure du Couesnon pour aboutir à l'ouest de Vannes, en passant par Montfort. *Ils y implantèrent leur langue et leurs mœurs.*

Le reste de la presqu'île, avec les grandes villes de Rennes, Vannes et Nantes, forma une sorte de **marche** que se disputèrent longtemps les Bretons et les Francs.

**Organisation politique des Bretons. — En s'installant**

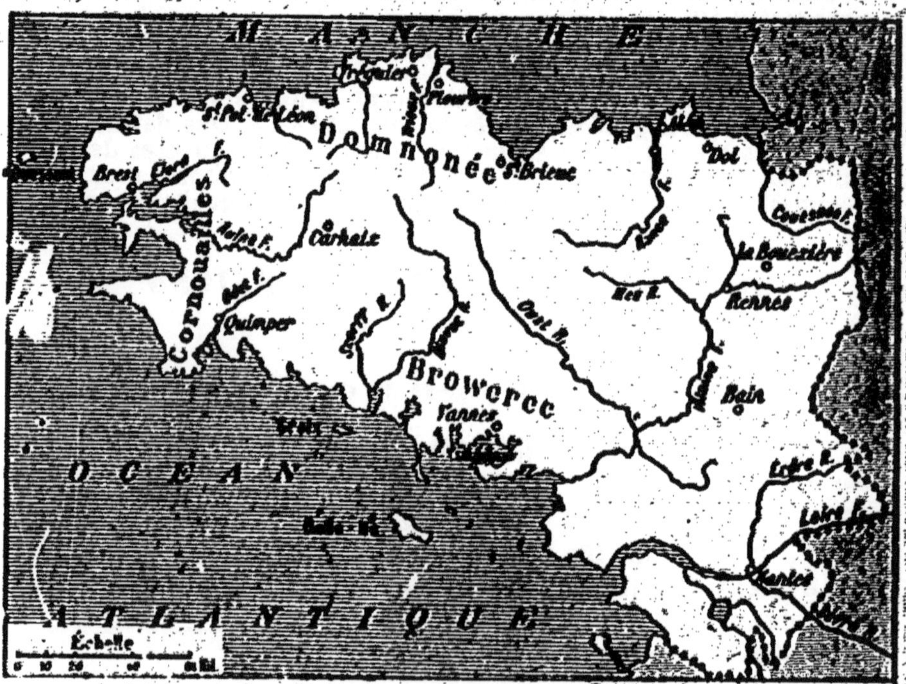


*Carte de la Bretagne après l'établissement des Bretons en Armorique.*

dans le pays, chaque bande ou *plou* forma un village, gouverné par un chef ou *machtiern*.

Le mot *plou* (quelquefois modifié en *pleu*) se rencontre encore aujourd'hui dans le nom de beaucoup de communes, dont la fondation remonte à une époque très reculée.

Les plous se groupèrent ensuite en comtés dont les chefs furent de véritables souverains indépendants. Trois comtés principaux se partagèrent la péninsule : la *Cornouaille* au sud-ouest, avec Quimper comme capitale ; la *Domnonée*, du Couesnon à Brest, avec le comté vassal de *Léon* ; enfin le *Browerech* ou comté de Vannes (voir carte, p. 12).

## Au comté de Cornouaille se rattache la légende du roi *Gradlon* et la destruction de la ville *d'Is*.

Cette ville se trouvait sur l'emplacement actuel de la baie de Douarnenez et fut submergée par les flots au milieu du Ve siècle.

L'imagination populaire a prétendu que ce fut à la suite des fautes et des crimes de la reine Dahut, fille du roi Gradlon, qui périt elle-même dans la catastrophe.

*La submersion d'Is.*

(Le roi Gradlon, guidé par saint Gwennolé, s'enfuit devant les flots en fureur et, sur l'ordre du saint, jette à l'eau sa fille, la méchante Dahut, montée en croupe sur son cheval.)

Deux choses seules sont certaines : l'existence d'une ville disparue dans la baie de Douarnenez et celle de Gradlon, premier comte de Cornouaille, qui résidait à Quimper (1).

Les *comtes de Vannes* furent presque toujours en guerre contre les rois mérovingiens. L'un d'eux, *Canao* soutint *Chramne*, fils de Clotaire, dans sa révolte contre son père.

Un de ses successeurs, *Waroch*, envahit à plusieurs reprises la *marche bretonne*. Il fut enfin battu et tué près de la Bouexière (Ille-et-Vilaine) par les troupes franques du roi Gontran.

La *Domnonée* fut longtemps le théâtre de luttes intestines. Le seul de ses souverains dont le nom mérite d'être cité est Judicaël, qui commença à régner vers 620. Il signa un traité avec le roi des Francs, *Dagobert Ier*. C'était un prince vaillant, juste et hospitalier. Il termina sa vie dans la retraite, au monastère de *Gaël*.

(1) Voir *Aux pays des Pommiers et des Landes*, par Bourdon et Lelarge. (Priaux-Goudal, éditeur à Rennes.)

**Les monastères.** — Les *moines* qui avaient accompagné les émigrants bretons s'établirent aussi dans le pays. *Ils y fondèrent des monastères (lans)* très nombreux, comme le prouve la fréquence de ce mot dans les noms de lieux. *Ils défrichèrent le sol, ouvrirent des écoles et furent vraiment les « agents les plus puissants du progrès et de la civilisation ».*

Il ne faudrait pas croire que leurs couvents eussent la moindre ressemblance avec ceux de nos jours. « Un monastère était un ensemble de cellules séparées et distinctes, groupées autour d'une place, au haut de laquelle était située, dominant les autres, celle de l'abbé ; autour un retranchement en terre. Ces logettes étaient le plus souvent en bois, parfois en pierre sur les côtes. Au centre était l'église, où les moines se réunissaient pour prier ; mais pour le reste, ils vivaient séparés. Leur nombre était considérable (parfois 100, et dans l'île de Bretagne jusqu'à 2.000). Leur nourriture était du pain, du lait, du poisson ; leur boisson de l'eau mêlée au jus des pommes ou de certaines herbes ».

**Les évêchés.** — Dans l'île de Bretagne, les abbés étaient aussi **évêques.** Il en fut de même en Armorique. C'est ainsi que furent fondés les *évêchés* de **Quimper**, par *saint Corentin* ; de **Léon**, par *saint Pol ;* d'**Aleth**, par *saint Malo* ; de **Dol**, par *saint Samson.* Celui-ci avait deux auxiliaires, *saint Brieuc* et *saint Tugdual*, qui furent les deux premiers évêques de **Saint-Brieuc** et de **Tréguier.**

**La marche bretonne.** — Que devenait pendant ce temps la *marche bretonne ?* Restée d'abord gallo-romaine, elle se soumet aux Francs, et, pendant deux siècles, c'est en vain que les Bretons essayeront de s'en emparer.

Comme dans le reste de la Gaule, les évêques y furent les serviteurs dévoués des rois mérovingiens. **Clovis** *trouva dans* **saint Mélaine,** *évêque de Rennes, l'un des meilleurs auxiliaires de sa politique.*

**Résumé. — 1.** *Les* **Bretons,** *peuple de race et de langue celtique, habitaient la* **Grande-Bretagne.**

**2.** *A la fin du Ve siècle, ils quittèrent en grand nombre leur île envahie par les pirates germains et vinrent s'établir en Armorique, où ils introduisirent leur langue et leurs mœurs.*

**3.** *Ils fondèrent les* **comtés** *indépendants de* **Cornouaille,** *de* **Domnonée** *et de* **Browerech.**

**4.** *Les* **moines** *avaient guidé les Bretons en Armorique. Ils y établirent des* **monastères** *et des* **évêchés,** *ouvrirent aussi des écoles et défrichèrent le pays.*

**5.** *Les régions de Rennes, de Vannes et de Nantes restèrent aux Gallo-Romains, puis se soumirent aux Francs.* **Saint Mélaine,** *évêque de Rennes, fut l'un des principaux conseillers de Clovis.*

**Questionnaire.** — Par qui l'île de Bretagne était-elle habitée? — 2. Que firent les Bretons quand leur pays fut envahi? — 3. Occupèrent-ils toute l'Armorique? — 4. Comment s'y organisèrent-ils? — 5. Que savez-vous des premiers chefs bretons? — 6. Par qui furent fondés des monastères et des évêchés? — 7. Décrivez un monastère breton — 8. Parlez de saint Mélaine.

## IV. — FONDATION DU DUCHÉ DE BRETAGNE

(A étudier à la suite de la leçon précédente.)

**Nomenoë.** — *Comme les Mérovingiens, les Carolingiens essayèrent de soumettre la Bretagne.* Les armées de *Pépin le Bref* et de **Charlemagne** parcoururent le pays, mais la conquête ne fut qu'apparente.

Dès 811, du vivant même du grand empereur, une révolte éclata. *Louis le Débonnaire,* son successeur, ne réussit qu'à se faire battre par les Bretons.

Un chef du pays, **Nomenoë,** qu'il avait chargé du commandement des marches bretonnes, parvint à réunir toute la province en une sorte de confédération. Puis il se révolta et battit à *Ballon,* près de Bains, les troupes du roi Charles le Chauve.

*Le premier, il prit le titre de* **Duc** *et se fit obéir de toute la péninsule.* Il érigea l'évêché de Dol en archevêché, pour soustraire ses états à la juridiction de l'Eglise de Tours.

Il est aussi le fondateur de l'abbaye de *Redon,* où il fut enterré (845).

*C'est l'un des plus grands hommes de son temps.*

« Il voulait agrandir le domaine de la Bretagne, la défendre et la rendre forte contre ses agresseurs, lui donner l'indépendance, assurer à sa royauté une base solide et durable. Tout ce qu'il a voulu, il l'a accompli. Unité politique, unité religieuse, tout, pour la Bretagne, vient de lui. Quand la Bretagne s'unit librement à la France, en stipulant le maintien de ses franchises ; quand, à l'aurore de la Révolution, elle fait le sacrifice de ses privilèges, c'est, comme au lendemain de la défaite de Charles le Chauve, la province aux neuf évêchés dont les limites sont restées telles qu'elles ont été taillées dans le vieux continent par l'épée de Nomenoë » (DE LA BORDERIE).

**Les Normands.** — Son fils, *Erispoë*, fut reconnu par Charles le Chauve comme roi de Bretagne.

*La langue bretonne progressa de 15 à 20 lieues vers l'ouest.* Il semblait que l'unité fût définitivement constituée. Pourtant, cette période de grandeur ne devait pas durer.

Depuis longtemps déjà les **Normands** avaient commencé leurs incursions sur nos côtes. Erispoë et son successeur *Salomon* les battirent. Mais à la mort de celui-ci, les barons se divisèrent et les Normands en profitèrent pour s'emparer de *Nantes*.

Le comte de Vannes, **Alain le Grand**, bat les Normands et devient roi, reconstituant, pour un instant, l'unité bretonne. Le pays jouit sous son règne d'une paix profonde.

Mais il meurt en 907. Les Normands accourent de nouveau, plus nombreux et plus féroces que jamais.

Les comtes francs de la marche bretonne, les chefs du pays breton, tous les riches de la péninsule prirent la fuite devant les envahisseurs. Les prêtres et les moines s'exilèrent aussi, emportant les protecteurs de la province : les ossements des saints bretons.

Les pauvres gens seuls restèrent. *La détresse était extrême. Il semblait que tout fût perdu.*

**Fondation du duché de Bretagne. — Alain Barbe-Torte.** — Il n'en était rien pourtant. A plusieurs reprises, les Bretons essayent de secouer le joug de l'étranger.

Peu à peu quelques exilés reviennent, et en 938, ils rappellent d'Angleterre un petit-fils d'Alain le Grand, **Alain Barbe-Torte**.

Celui-ci débarque à *Dol*, y bat les Normands, les bat encore à *Saint-Brieuc*, à *Plourivo*, et les poursuit jusque dans *Nantes* où il les détruit.

*Il restaure la cathédrale, qui tombait en ruines, et en même temps la monarchie bretonne.*

*Cette fois, l'unité est faite sous l'empire d'un sentiment vif et puissant : la résistance à la domination de l'étranger.*

**Le régime féodal en Bretagne.** — Les invasions normandes eurent un premier résultat : ce fut de

réconcilier les deux races qui vivaient côte à côte en Armorique : les Bretons de l'ouest et les Gallo-Romains de l'est.

Elles eurent un autre résultat, très important : *l'introduction en Bretagne du régime féodal.*

Après la victoire d'Alain Barbe-Torte les *plous* ne se reformèrent pas, non plus que les royaumes bretons de Domnonée, de Cornouaille et de Browerech.

Alors, il y eut en Bretagne, comme en Normandie et dans les autres provinces de France, des *comtes* qui furent les *vassaux* du duc, parce qu'ils tenaient de lui leurs domaines, et les *suzerains* d'autres seigneurs, à qui, à leur tour, ils avaient concédé des *fiefs* (1).

*Le duc lui-même se reconnut vassal du roi de France.*

**Monuments antérieurs au X^e siècle. — Il n'existe pour ainsi dire pas de monuments de la période antérieure au X^e siècle.**

En effet, les maisons particulières étaient en bois. Il en était généralement de même pour les églises. La crypte de la cathédrale de Nantes est forcément en pierre. Elle ne date, du reste, que de 990.

Les *forteresses* de l'époque se composaient d'une *motte en terre* entourée d'une maçonnerie en pierres brutes sans ciment. *Les constructions proprement dites étaient en bois.*

Seules quelques enceintes de villes étaient en pierre, et grossièrement imitées de l'époque gallo-romaine. C'est ainsi qu'il y a quelques années, on a découvert à *Rennes*, rue Rallier, une brèche des anciens remparts, réparée avec des bornes milliaires et qui date, sans doute, de la prise de la ville par Nomenoë.

**Résumé. — 1.** *Les* **Carolingiens** *essaient, sans succès, de conquérir l'Armorique.*

**2.** *Un chef du pays,* **Nomenoë,** *la soumet tout entière à son autorité et prend le titre de* **duc.** *C'est un vrai souverain indépendant.*

**3.** *Mais bientôt les* **invasions normandes** *désolent le pays. D'abord défendu par* **Alain le Grand,** *il tombe à sa mort, en 907, dans la misère et l'anarchie où il reste pendant trente ans.*

(1) TABLEAU DES PRINCIPAUX FIEFS DE BRETAGNE
(Voir carte, page 17).

| COMTÉS : | SEIGNEURIES VASSALES : |
|---|---|
| **Penthièvre :** | Lamballe, Jugon, Moncontour, Cesson. |
| **Tréguier :** | Diocèse de Tréguier, pays de Goëllo. |
| **Léon :** | Lesneven, Brest, Daoudour, Landerneau, Morlaix. |
| **Cornouaille :** | Pont-l'Abbé, Pont-Croix, Faou, Gourin, Poher, abbaye de Landevennec. |
| **Vannes** (*Browerech*): | Rieux, Auray, Elven, abbaye de Redon. |
| **Nantes :** | Baronnies de Retz, d'Ancenis, de Pontchâteau, etc.; seigneurie de Clisson. |
| **Rennes :** | Fougères, Vitré, La Guerche, Chateaubriant, Combourg, Tinténiac, Dinan. |

**Porhoët,** au centre du pays, sous la domination des comtes de Rennes : Porhoët (chef-lieu Josselin), qui donna naissance à la vicomté de Rohan; seigneuries de Lohéac, Gaël et Malestroit.

**4.** *Enfin, en 938,* **Alain Barbe-Torte** *chasse l'étranger et refait l'unité nationale.*

**5.** *Le* **régime féodal** *s'implante alors en Bretagne et le duc se reconnaît vassal du roi de France.*

**6.** *Il ne reste de cette époque d'autres monuments que quelques rares vestiges d'enceintes de villes.*

**Questionnaire.** — 1. Dites ce que vous savez de Nomenoë. — 2. Parlez des invasions normandes. — 3. Par qui furent chassés les Normands? — 4. Quelles furent les conséquences de leur occupation? — 5. Subsiste-t-il beaucoup de monuments antérieurs au Xe siècle? Pourquoi?

---

## CHAPITRE II

# LE DUCHÉ DE BRETAGNE AVANT SA RÉUNION à la FRANCE

---

### I. — LA BRETAGNE SOUS SES DUCS NATIONAUX

(A étudier après la page 33 du Cours moyen.)

**Les successeurs d'Alain Barbe-Torte.** — Les trois fils d'Alain Barbe-Torte ayant été assassinés, la couronne ducale fut prise, après quarante ans de guerres, par **Conan,** *comte de Rennes.*

Celui-ci et son fils *Geoffroy Ier*, qui lui avait succédé, furent tués en luttant contre les *Angevins.*

*Alain III, fils et successeur de Geoffroy, commit la grande faute de donner en apanage à son frère Eudon les comtés de Tréguier et de* **Penthièvre,** *constituant ainsi une puissance rivale de celle des ducs.*

Ami de *Robert le Diable,* duc de Normandie, il fut tuteur de son fils Guillaume le Conquérant. Mais il mourut en 1040, ne laissant lui-même pour héritier qu'un enfant de trois mois, sous la tutelle d'Eudon de Penthièvre.

Devenu grand, *Conan II* combattit contre celui-ci et contre les Normands, mais il mourut empoisonné en 1066.

*Hoël,* comte de Cornouaille et de Nantes, hérita de tous ses biens et lui succéda. Il se trouva ainsi le maître direct de toute la Bretagne, moins le Léon et le Penthièvre.

**Les Bretons et la conquête de l'Angleterre.** — Le duc de Normandie, **Guillaume**, venait de *conquérir l'Angleterre.* Un grand nombre de seigneurs bretons, qui l'avaient accompagné dans son expédition, reçurent de lui des fiefs en récompense de leurs services. C'est ainsi qu'un fils du comte de Penthièvre devint *duc de Richemond.*

Mais la conquête de l'Angleterre par les Normands devait avoir de grandes conséquences pour l'avenir de la Bretagne.

Prise entre les rois de France d'un côté et ceux d'Angleterre de l'autre, elle dut, pour sauvegarder son indépendance, se mêler à leurs querelles et prendre parti tantôt pour les Français, tantôt pour les Anglais.

Cette politique réussit pendant quatre siècles, mais au prix de luttes terribles où le pays *connut les horreurs de la guerre civile et de la guerre étrangère.*

**Les ducs de la dynastie de Penthièvre.** — Les ducs de la **dynastie de Penthièvre** furent des princes pacifiques. Ils firent de sages lois et réprimèrent les brigandages qui désolaient le pays.

Sous leur influence, les mœurs des Bretons s'adoucirent. Des relations se nouèrent avec les provinces voisines. Le *français* devint la langue des seigneurs, et même à la cour ducale, il remplaça le breton.

L'influence étrangère allait se faire sentir plus directement. *Conan IV*, comte de Richemond en Angleterre, devenu duc de Bretagne avec l'appui des Anglais, leur ouvrit ses états. Il maria sa fille Constance à Geoffroy, fils de Henri Plantagenet, roi d'Angleterre, comte d'Anjou et duc de Normandie.

**Résumé.** — **1.** *L'un des successeurs d'Alain Barbe-Torte commet la faute de constituer pour son frère l'***apanage de Penthièvre.**

**2.** *Beaucoup de Bretons accompagnent le duc* **Guillaume de Normandie** *en Angleterre et reçoivent des fiefs en récompense de leurs services.*

**3.** *Prise désormais entre les domaines des rois de France et d'Angleterre, la Bretagne devra lutter pour son indépendance.*

**4.** *Sous ses derniers ducs de race bretonne, le pays prend peu à peu la langue et les coutumes françaises.*

**Questionnaire.** — 1. A qui les successeurs d'Alain Barbe-Torte firent-ils la guerre? — 2. Quelle part les Bretons prirent-ils à la conquête de l'Angleterre? — 3. Conséquences de la conquête sur les destinées de la Bretagne. — 4. Que firent les ducs de la dynastie de Penthièvre?

## II. — LA BRETAGNE SOUS LES DUCS ÉTRANGERS

### LES PLANTAGENETS. — Pierre MAUCLERC

(A étudier après les Grands Capétiens, page 46 du Cours moyen.)

**Les ducs anglais. — Les Plantagenets.** — **Geoffroy** fut couronné à Rennes comme duc de Bretagne, en 1169. Le faible Louis VII, roi de France, n'eut pas l'idée de s'opposer à ce nouvel accroissement de la puissance anglaise dans le royaume.

D'ailleurs, Geoffroy fut un bon duc, qui défendit l'indépendance des Bretons contre son propre père. Ce fut aussi un législateur. C'est ainsi que, par une ordonnance célèbre, connue sous le nom d'Assise au comte Geoffroy, il interdit le partage des baronnies.

**Arthur de Bretagne.** — Le fils de Geoffroy régna sous la tutelle de sa mère. Son oncle, *Richard Cœur de Lion, roi d'Angleterre*, étant mort en 1199, Arthur que soutenait le roi de France, Philippe-Auguste, voulut faire valoir ses droits à la couronne, contre son oncle *Jean sans Terre*, troisième fils d'Henri Plantagenet.

Arthur fut pris et enfermé à Rouen. Puis Jean sans Terre l'assassina, dit-on, de sa propre main, et jeta son cadavre à la Seine.

**Les ducs français. — Pierre Mauclerc.** — La sœur d'Arthur, héritière du duché, fut mariée par *Philippe-Auguste* à son cousin **Pierre** *de Dreux*, surnommé **Mauclerc**.

Celui-ci fut le premier duc français.

Pierre de Dreux était intelligent, actif, courageux ; mais il manquait de modération et de suite dans les idées.

Il s'engagea dans des projets de toute sorte, et finalement échoua partout.

Au dedans, il voulut être souverain absolu et combattit les barons et les évêques. Aux premiers, il enleva le *droit de bris* et celui de construire des châteaux-forts. Il restreignit le *droit de justice des seconds* et supprima plusieurs des taxes qu'ils percevaient sur le peuple, notamment le *past nuptial*, droit de 40 sous, ou 200 francs de notre monnaie, pour la célébration des mariages.

*Pierre Mauclerc.*

(D'après une gravure de l'Histoire de Bretagne, par Dom Morice.)

Au dehors, il soutint d'abord son parent Philippe-Auguste contre Jean sans Terre et accompagna *Louis VIII* dans le midi contre les *Albigeois*.

Mais, pendant la minorité de *saint Louis*, il fut l'un des chefs de la révolte des grands seigneurs ligués contre *Blanche de Castille*, et prêta un hommage solennel au roi d'Angleterre.

Battu par saint Louis et abandonné de tous, Mauclerc fut déclaré déchu de l'administration du duché. Il la conserva seulement jusqu'à la majorité de son fils qui arriva trois ans plus tard.

La noblesse et le clergé en profitèrent pour reprendre tout ce qu'ils avaient perdu. Cependant la majeure partie de l'apanage de Penthièvre demeura réunie au domaine ducal.

Pierre de Dreux mourut pendant la croisade d'Egypte, où il avait accompagné saint Louis.

**Les successeurs de Pierre Mauclerc. — Affermissement des pouvoirs ducal et royal.** — Les successeurs de Pierre Mauclerc furent des princes obscurs et pacifiques, qui vécurent paisiblement dans leurs châteaux.

Ils continuèrent pourtant sa politique. *Ils affermirent leur autorité, agrandirent le domaine ducal et travaillèrent à améliorer le sort de leurs sujets.*

C'est l'un d'eux, *Arthur II*, qui réunit pour la première fois les états du duché.

*Mais, pendant que la puissance des ducs s'affermissait à l'intérieur, ils devenaient de plus en plus dépendants des rois de France.*

Pierre Mauclerc avait prêté l'hommage lige à saint Louis ; ses successeurs acceptèrent le *titre de pairs de France* et firent exécuter dans leurs états les ordres de *Philippe le Bel*.

**Trois grands Bretons : Robert d'Arbrissel, Abélard et Saint-Yves.** — On ne peut clore cette période de l'histoire de Bretagne sans citer trois hommes dont les noms, à des titres divers, sont demeurés célèbres : **Robert d'Arbrissel, Abélard et saint Yves.**

Le premier fut un prédicateur éloquent et le fondateur de la célèbre abbaye de *Fontevrault* en Anjou.

*Abélard* enseigna la philosophie à l'Université de Paris où des milliers d'étudiants suivirent ses leçons.

Enfin, *saint Yves*, de Tréguier, mit son talent au service des faibles et des petits. Il est le patron des avocats.

## ÉTAT DE LA BRETAGNE AU XII$^e$ ET AU XIII$^e$ SIÈCLES. PROSPÉRITÉ DU PAYS.

Voyons maintenant l'état du pays

*Malgré les guerres continuelles, une réelle prospérité règne dans les villes à la fin du XIII$^e$ siècle.* Le commerce et l'industrie sont florissants.

D'une enquête ordonnée par **Philippe le Bel**, en 1297, il résulte que dix-huit villes bretonnes entretenaient des relations commerciales suivies avec l'Angleterre.

C'étaient *Cancale, Dol, le Vivier-sur-Mer, Saint-Malo, Dinan, Jugon, Lamballe, Saint-Brieuc, Châtelaudren, Guingamp, Tréguier, Lannion, Morlaix, Saint-Pol-de-Léon, Landerneau, Brest, Saint-Mathieu.*

Il n'existe pas, comme en France, de communes proprement dites. Mais les bourgeois peuvent s'entendre, se choisir des délégués et plaider, même contre leurs seigneurs.

Après le départ des Normands, l'Église s'est relevée de ses ruines. Les grandes abbayes ou les simples prieurés se multiplient sur le sol breton.

Parmi les plus célèbres, citons les abbayes de *Landevennec*, de *Saint-Gildas-de-Ruis*, de *Saint-Méen*, de *Saint-Mélaine* de Rennes, de *Saint-Gildas-des-Bois*, etc.

Les moines s'adonnaient à l'étude, à l'enseignement, à l'agriculture. C'est ainsi que le territoire des communes de *Dingé* et de *Lanrigan* (Ille-et-Vilaine) fut défriché par les moines de Saint-Florent, près de Dol.

Partout s'élevèrent de belles cathédrales.

Les seigneurs construisirent des châteaux-forts, les bourgeois de solides maisons de pierre.

**Résumé. — 1.** *L'influence anglaise est un moment prépondérante en Bretagne. Un prince anglais,* **Geoffroy Plantagenet,** *monte sur le trône ducal.*

**2.** *Après l'assassinat d'***Arthur** *(1203), la couronne passe à un Français,* **Pierre de** *Dreux ou* **Mauclerc.**

**3.** *Celui-ci et ses successeurs s'efforcent de fortifier leur autorité contre les nobles et le clergé. Ce sont, en revanche, des vassaux dévoués de nos rois.*

**4.** *La Bretagne a produit au moyen âge des hommes justement célèbres :* **Robert d'Arbrissel, Abélard, saint Yves.**

**5.** *Malgré les guerres, l'industrie et le commerce enrichissent les villes.*

**6.** *Relevée de ses ruines, après le départ des Normands, l'Église couvre le sol breton d'abbayes et de* **cathédrales.**

**Questionnaire.** — 1. Que savez-vous de Geoffroy Plantagenet et de son fils Arthur ? — 2. Comment Pierre Mauclerc devint-il duc de Bretagne ? — 3. Que fit-il pour affermir son autorité ? — 4. Quelle conduite tint-il envers la France ? — 5. Parlez de ses successeurs. — 6. Maintinrent-ils l'indépendance de leur duché ? — 7. Racontez ce que vous savez de Robert d'Arbrissel, d'Abélard et de saint Yves. — 8. Quel était l'état du pays au XIIe et au XIIIe siècles ? — 9. Que devenait l'Église ? — 10. Quels monuments furent construits ?

## III. — LA GUERRE DE SUCCESSION DE BRETAGNE AU XIVe SIÈCLE

### BLOIS ET MONTFORT

(A étudier après la guerre de Cent Ans, page 56 du Cours moyen.)

**Succession de Jean III.** — La Bretagne avait joui sous ses ducs français d'un siècle de prospérité.

Malheureusement le duc Jean III commit la faute de reconstituer au profit de son frère Gui tout l'ancien apanage de Penthièvre. Quand il mourut, deux prétendants se disputèrent son héritage.

C'étaient le plus jeune de ses frères, **Jean,** qui possédait par sa mère le comté de *Montfort-l'Amaury,* et sa nièce, **Jeanne de Penthièvre,** mariée à **Charles de Blois,** neveu du roi de France Philippe VI.

*Charles de Blois* étant soutenu par les *Français, Jean de Montfort* obtint l'appui du *roi d'Angleterre.* La guerre qu'ils se firent est connue sous le nom de guerre de Blois et de Montfort ou de guerre **des deux Jeanne**, à cause des deux vaillantes femmes qui y prirent part pendant la captivité de leurs maris.

En général, les villes furent du parti de Montfort et la noblesse de celui de Blois.

**1re période de la guerre (1341-1343).** — La lutte peut se diviser en quatre périodes :

*La première est une période de début.*

Jean de Montfort était parvenu à imposer son autorité à une grande partie du duché. Mais la cour des pairs reconnut Charles de Blois.

Une armée française entra en Bretagne et mit le siège devant *Nantes*. La ville se rendit et Jean de Montfort fut fait prisonnier.

Sa femme, **Jeanne de Montfort**, « *femme au courage d'homme et au cœur de lion* », continua la lutte et s'enferma dans **Hennebont** (1), qu'elle défendit héroïquement.

Le roi d'Angleterre, **Edouard III**, vint à son secours et la délivra. Puis il mit le siège devant Nantes, Rennes et Vannes. Les Français accoururent, mais sans en venir aux mains les deux rois conclurent une trêve à **Malestroit**. La guerre avait duré deux ans (1341-1343).

**2me période (1344-1352).** — La lutte recommença l'année suivante. **Philippe de Valois** ayant fait exécuter sans jugement plusieurs seigneurs bretons, les Anglais reprirent l'offensive et s'emparèrent de Vannes. Puis ils envahirent le comté de Penthièvre. Battu et pris à **La Roche-Derrien** (1347), Charles de Blois fut emmené en Angleterre.

Malgré la prise du chef et le massacre des principaux seigneurs du parti de Blois, les hostilités ne cessèrent pas.

Rançonnés et maltraités par les Anglais, les Bretons se défendirent dans une guerre d'escarmouches dont le plus célèbre épisode est le combat des **Trente** (27 mars 1351).

« Il fut livré sur la lande de *Mi-Voie*, entre Ploërmel et Josselin. Le nombre des combattants fut fixé à 30 hommes de chaque parti.

» Les Français étaient commandés par *Robert de Beaumanoir*, châtelain de Josselin, les Anglais par *Richard Benborough*, gouverneur de Ploërmel.

(1) Voir la carte, page 32.

» Le combat fut acharné. Les Anglais y eurent d'abord l'avantage. Mais au deuxième engagement, Benborough fut tué avec huit de ses compagnons. Enfin, une énergique offensive de Guillaume de Montauban, qui tua sept ennemis à lui seul, décida du sort de la rencontre. Le reste des Anglais se rendit.

» C'est au cours de ce combat que Beaumanoir, blessé, se plaignant de la soif, reçut d'un des siens cette réponse légendaire : « *Bois ton sang, Beaumanoir, la soif passera* ».

» Une pyramide en granit a été élevée à Mi-Voie pour commémorer le souvenir de la bataille ».

Une nouvelle tentative des Français en Bretagne se termina par la sanglante défaite de **Mauron (1352)**, qui fut pour le parti de Charles de Blois un désastre irréparable.

*Statue de Duguesclin à Dinan.*

(Le célèbre connétable est né au château de la Motte-Broons, en Broons, aux environs de Dinan).

**3me période : Lassitude des partis. Traité de Brétigny (1360).** — *La troisième période est caractérisée par la lassitude des adversaires.*

Elle offre peu de faits d'armes importants. Mais la petite guerre et le pillage des campagnes continuent, malgré les trêves et les négociations. Dans la Haute Bretagne surtout les escarmouches furent presque continuelles entre la garnison française de *Pontorson* et la garnison anglaise de *Bécherel*. Les châteaux de *Landal*, de *Combourg*, de *Montmuran* furent aussi le théâtre de combats sanglants. C'est dans l'affaire de Montmuran, chef-lieu de la baronnie de Tinténiac, que figura pour la première fois **Bertrand du Guesclin** (1). La grande

(1) Voir : 1° *Histoire de France*, par Rogie et Despiques, Cours élémentaire, p. 52 ; 2° *Aux pays des Pommiers et des Landes*, par Bourjon et Lelarge, p. 46.

guerre reprit en 1356 où les Anglais vinrent assiéger *Rennes* qui se défendit pendant neuf mois.

Une série de trêves suivirent alors jusqu'au désastreux **traité de Brétigny.** *Jean le Bon et Edouard III convinrent de ne plus s'occuper des affaires de Bretagne.*

**4me période : Bataille d'Auray (1364).** — *Alors commença la dernière période de la lutte*

*Bataille d'Auray.*
(D'après une ancienne estampe.)

Jean, fils de Jean de Montfort, eût consenti à un partage du duché. Charles de Blois et sa femme s'y refusèrent; du Guesclin vint mettre son épée à leur service et la guerre recommença.

Mais Montfort, aidé des Anglais, fut vainqueur à **Auray,** où *Charles de Blois fut tué et du Guesclin fait prisonnier* (1364).

La situation du parti de Blois n'était pas plus mauvaise qu'après la bataille de La Roche-Derrien. Mais le pays était ruiné par 23 années de guerres sans merci. *Jeanne de Penthièvre renonça à la lutte par le traité de* **Guérande.**

*Elle conserva son comté de Penthièvre et Jean de Montfort devint duc de Bretagne sous le nom de Jean IV.* Retirée à Guingamp, la vaillante Bretonne vécut désormais dans la plus complète solitude.

**Résumé. — 1.** *A la mort du duc* **Jean III** *éclate une* **guerre de succession** *entre* **Jean de Montfort** *et* **Charles de Blois.** *Le premier est l'allié des Anglais, le deuxième des Français, qui viennent de commencer la célèbre* **guerre de Cent Ans.**

**2.** *La lutte comprend* **4 périodes.** *Les rencontres les plus mémorables sont : la bataille de la* **Roche-Derrien** *(1347), le combat des* **Trente** *(1351) et la bataille* **d'Auray** *(1364) où Charles de Blois fut tué, et qui mit fin à la guerre par la victoire définitive du parti de Montfort.*

**Questionnaire. —** 1. Par qui fut disputée la succession de Jean III ? — 2. Qui soutenait les deux adversaires? — 3. Que savez-vous de chacune des périodes de la guerre ? — 4. Racontez le combat des Trente. — 5. Faites le récit de la vie de du Guesclin. — 6. Comment se termina la lutte ?

## IV. — LES DUCS DE LA MAISON DE MONTFORT. LUTTE DES PARTIS FRANÇAIS ET ANGLAIS

(A étudier à la suite de la leçon précédente.)

**Jean IV et Olivier de Clisson.** — *L'opposition continua entre les deux partis français et anglais.* — **Jean IV,** en effet, trouva un nouvel adversaire dans **Olivier de Clisson.**

Celui-ci avait toujours été un fidèle partisan de Montfort, mais les sympathies anglaises du nouveau duc blessaient son patriotisme breton. Jean IV fut chassé et obligé de se réfugier en Angleterre.

Le roi de France, *Charles V*, voulut alors confisquer le duché et le réunir au domaine royal. Mais les Bretons se soulevèrent et rappelèrent le duc. Jeanne de Penthièvre elle-même se réconcilia avec lui.

**Attentat contre Clisson. Folie de Charles VI.** — Jean IV continua à poursuivre de sa haine *Olivier de Clisson*, devenu *connétable de France* après la mort de du Guesclin. Il essaya même de le faire assassiner et accueillit à sa cour l'assassin, *Pierre de Craon*, que le roi lui réclama en vain.

Olivier de Clisson.

(D'après une gravure de l'Histoire de Bretagne, par Dom Lobineau.)

Charles VI marcha contre la Bretagne, mais, en traversant la forêt du Mans, il fut subitement frappé d'aliénation mentale.

*Jean IV et Clisson ne se réconcilièrent que longtemps après, en 1395.*

**Jean V. — Gilles de Retz.** — Le successeur de Jean IV, Jean V, figura, tantôt d'un côté, tantôt de l'autre, dans l'affreuse querelle des Armagnacs et des Bourguignons, qui désola la France sous le règne du malheureux Charles VI. *Il confisqua définitivement l'apanage de Penthièvre.*

C'est également sous lui que fut brûlé à Nantes le *maréchal de* **Retz**, qui, après avoir été l'un des plus vaillants compagnons de Jeanne d'Arc, s'était souillé de crimes odieux, au point d'être, dit-on, le type de **Barbe-Bleue**.

**François Ier et son frère Gilles de Bretagne.** — **François Ier**, fils de Jean V, est célèbre par ses démêlés avec l'un de ses frères, *Gilles de Bretagne*.

Richement apanagé par son père, celui-ci en profita pour trahir son pays au profit des Anglais. Après lui avoir pardonné une première fois, le duc le fit emprisonner, puis l'abandonna à ses ennemis. L'infortuné Gilles mourut assassiné dans un cachot du *château de la Hardouinais*.

**Le connétable de Richemond, duc de Bretagne.** — Après François Ier et son frère *Pierre III*, qui moururent sans enfants, ce fut leur oncle, le **conné-**

table de Richemond, qui ceignit la couronne ducale sous le nom d'**Arthur II**. Mais il ne régna qu'un an et mourut en 1458.

Devenu duc de Bretagne, Arthur fut à la fois *bon Français et bon Breton*. Comme on le pressait de se démettre de sa charge de connétable de France, il répondit qu'il « *voulait honorer dans sa vieillesse une charge qui l'avait honoré lui-même dans sa jeunesse* ». Mais il ne consentit à prêter hommage au roi Charles VII que debout et l'épée au côté.

Il avait, dit-on, projeté de faire une descente en Angleterre.

**Résumé. — 1.** *Le parti français, ayant à sa tête la famille de* **Clisson**, *continua à combattre les tendances anglaises des ducs de la maison de Montfort.*

**2.** *Mais l'influence française grandissait en Bretagne. Beaucoup de Bretons prirent du service dans les armées royales.*

**3.** *Trois d'entre eux :* **Bertrand du Guesclin, Olivier de Clisson** *et* **Arthur de Richemond** *furent successivement connétables de France.*

**4.** *Le dernier, devenu duc de Bretagne en 1457, fut à la fois un bon Breton et un bon Français.*

**Questionnaire.** — 1. La lutte fut-elle terminée entre les partis français et anglais après la victoire de la maison de Montfort ? — 2. Comment continua-t-elle ? — 3. Jean IV et Olivier de Clisson. — 4. Que savez-vous de Gilles de Retz ? — 5. Racontez l'histoire de Gilles de Bretagne. — 6. Parlez du connétable de Richemond, duc de Bretagne.

## V. — FRANÇOIS II. — LUTTE CONTRE LOUIS XI ET CHARLES VIII. — DÉFAITE DES BRETONS

(A étudier à la suite du triomphe définitif de la royauté, p. 60.)

**François II et Louis XI. — François**, comte d'Etampes, neveu de Richemond, lui succéda.

*Avec lui allait se dérouler la dernière partie du duel séculaire de la Bretagne et de la France. L'antique province devait, après une résistance opiniâtre, y perdre enfin son indépendance.*

François II ne manquait pas de qualités. Mais il était faible et changeant comme tous les princes de sa famille.

Or, il allait trouver en face de lui un adversaire habile, rusé, extrêmement tenace, qui voulait établir son autorité absolue dans tout le royaume, sans en excepter les grands fiefs.

**Les partis à la cour de François II.** — **Louis XI** commença par intervenir dans les affaires de Bretagne. Il gagna les nobles bretons et les excita contre le duc. Celui-ci, en retour, fit alliance avec tous les ennemis du roi : il s'unit à **Charles le Téméraire** et même aux Anglais.

Mais ballotté entre des influences contraires, il ne sut jamais aller jusqu'au bout de ses projets.

Deux partis se disputaient son esprit. Le *parti français*, qui avait pour chef **Guillaume Chauvin**, chancelier de Bretagne, était celui de la vieille noblesse. *Le parti breton*, dirigé par le trésorier de Bretagne, **Pierre Landais**, fils d'un tailleur de Vitré et marchand lui-même, défendait au contraire les intérêts du tiers-état et désirait l'abolition des privilèges féodaux. Il préconisait l'alliance avec le *duc de Bourgogne et le roi d'Angleterre*.

**Pierre Landais au pouvoir.** — C'est Landais qui, à partir de 1475, dirigea la politique de François II.

Le duc n'avait que des filles, dont l'aînée, Anne, devait être l'héritière du duché.

Voulant à tout prix sauvegarder contre la France l'indépendance de son pays, Landais essaya de marier **Anne de Bretagne**, tantôt *au duc d'Orléans*, tantôt à *Maximilien d'Autriche* ou à un *Rohan*, dans l'espoir de donner un défenseur à la cause bretonne.

Mais les seigneurs et les évêques détestaient Landais. Ils prétendirent qu'il s'était enrichi malhonnêtement et obtinrent du faible François II la condamnation et l'exécution de son ministre. Son ennemi, le chancelier Chauvin, était mort en prison quelques mois auparavant (1485).

**La guerre folle.** — *La politique de Landais devait triompher trois mois plus tard.*

La noblesse bretonne, effrayée des progrès des Français, abandonna peu à peu leur parti et soutint le duc dans sa lutte contre **Anne de Beaujeu**. On sait que cette guerre, dans laquelle la régente eut à combattre les grands seigneurs, impatients de secouer le joug après la mort de Louis XI, est connue sous le nom de **guerre folle**.

La bataille décisive eut lieu près de **Saint-Aubin-du-Cormier**. Les Bretons et leurs auxiliaires, Allemands et Anglais, y furent taillés en pièces par les Français, que commandait *la Trémouille*. Les deux principaux chefs des révoltés, le *prince d'Orange* et le *duc d'Orléans*, furent fait prisonniers (1488).

La plupart des villes de Bretagne ouvrirent leurs portes aux vainqueurs : *Rennes* refusa. Les Français mirent le

siège devant *Saint-Malo*, où les habitants d'une grande partie de la Bretagne avaient déposé leurs objets les plus précieux. La ville semblait imprenable, mais les bourgeois, craignant pour leurs richesses, capitulèrent.

Par le traité du *Verger*, que dut subir François II après la désastreuse journée de Saint-Aubin-du-Cormier, le vieux duc s'engageait à ne marier son héritière qu'avec le consentement de Charles VIII.

Il mourut en septembre 1488 et sa fille **Anne** lui succéda.

*La réunion de la Bretagne à la couronne était imminente.*

**Situation économique du duché.** — Voyons maintenant l'état du duché au moment où il allait perdre son indépendance.

L'agriculture y était prospère. On cultivait le blé, le sarrasin, le chanvre, le lin, le pommier et même la la vigne.

On fabriquait des toiles et du drap qui, avec les chevaux, le sel marin, etc., étaient l'objet d'un important trafic avec l'étranger.

*La Bretagne était donc une province florissante.*

**Le gouvernement du duché.** — Les Bretons se considéraient toujours comme une *nation à part* et les ducs portaient une couronne semblable à la couronne royale.

Le duché avait ses *lois* et ses *monnaies* particulières.

Mais le pouvoir ducal n'était pas absolu comme celui des rois de France. Les **Etats de Bretagne**, composés des délégués de la noblesse, du clergé et des villes, se réunissaient chaque année. D'accord avec le duc, ils exerçaient les pouvoirs législatif et judiciaire.

Ce n'est qu'en 1485 que François II leur enleva celui-ci pour le donner au **Parlement de Bretagne**, assemblée de magistrats qui siégea à Rennes.

*Après sa réunion à la France, la Bretagne devait conserver jusqu'en 1789 ses coutumes, son Parlement et ses Etats, en un mot tous ses antiques privilèges.*

**Résumé.** — **1.** *La lutte séculaire entre la Bretagne et la France se termine avec le duc* **François II** *et les rois de France* **Louis XI** *et* **Charles VIII**.

**2.** *Hésitant entre les partis, François II se décide pour le parti breton, allié des Anglais, dont le chef,* **Pierre Landais**, *essaye en vain de sauvegarder, par le mariage de l'héritière, l'indépendance du duché.*

**3.** *François II profite de la minorité de Charles VIII pour s'allier aux seigneurs français mécontents. Mais il est battu à* **Saint-Aubin-du-Cormier** *(1488). Sa fille* **Anne** *lui succède.*

**4.** *La Bretagne est alors florissante. L'agriculture est en progrès et le commerce est actif.*

**5.** *Le duché possède ses lois et ses monnaies. Les ducs ne gouvernent qu'avec l'aide des* **Etats**. *Le* **Parlement** *de Bretagne est créé en 1485.*

**Questionnaire.** — 1. Quel était le caractère de François II ? — 2. Quel adversaire dut-il combattre ? — 3. Avec qui s'allia-t-il ? — 4. Quels partis se disputèrent l'influence à sa cour ? — 5. Parlez de Pierre Landais. — 6. Qu'est-ce que la guerre folle ? — 7. Par quelle rencontre fut-elle marquée ? — 8. Quelles en furent les conséquences pour la Bretagne ? — 9. Que savez-vous de l'agriculture, du commerce, de l'administration du duché ?

---

# CHAPITRE III

# L'ÈRE MODERNE

---

## I. — RÉUNION DE LA BRETAGNE A LA FRANCE

(A étudier après les chapitres III et IV du Cours moyen.)

**La duchesse Anne.** — **Anne de Bretagne** était une enfant de douze ans à peine, intelligente et énergique. Son tuteur, *le maréchal de Rieux*, et sa gouvernante, *la comtesse de Laval*, ayant voulu la marier à *Alain d'Albret*, qui avait quarante-neuf ans, elle refusa et se brouilla avec eux.

*Anne de Bretagne.*

(D'après une gravure de l'Histoire de Bretagne, par Dom Lobineau.)

Rieux ferma les portes de Nantes à la duchesse qui se réfugia à Rennes. Mais bien que rebelle, il était patriote. D'autres seigneurs se révoltèrent, appelèrent les Français et la guerre recommença. Une paix provisoire intervint en 1489. Le pays affreusement ravagé en avait le plus grand besoin. Pour assurer son indépendance, la duchesse résolut alors de se marier au duc *Maximilien d'Autriche*, futur empereur d'Allemagne, veuf de Marie de Bourgogne, le plus puissant des princes qui aspiraient à sa main et à son duché. En décembre 1490, un seigneur allemand, Wolfgang de Polham, épousa la jeune princesse par procuration de son maître.

**Anne et Charles VIII.** — **Ce mariage était dangereux pour le roi de France et il s'était fait sans** son consentement. *Charles VIII*, poussé par sa sœur, *Anne de Beaujeu*, se plaignit de la violation du traité du Verger et reprit les armes. Alain d'Albret, par vengeance, trahit la duchesse Anne et livra aux Français la ville de Nantes. Leur armée parcourut victorieusement le pays. Bientôt, comme le dit Commines, « *le roy posséda la duché de Bretagne presque toute, fors la ville de Rennes et la fille qui était dedans.* »

Le roi, conseillé par sa sœur, fit proposer à la duchesse de l'épouser. Elle hésita longtemps. Les meilleurs patriotes bretons eux-mêmes lui remontrèrent l'intérêt de son peuple, l'indifférence de Maximilien qui ne lui avait point envoyé les secours attendus. Les théologiens déclarèrent nulle une union simplement accomplie par procuration. **Anne finit par consentir à épouser le vainqueur.**

Le mariage, qui réunissait la Bretagne à la patrie française, eut lieu avec beaucoup de pompe au château de Langeais, en Touraine (décembre 1491). La jeune reine portait ce jour-là une merveilleuse robe en drap d'or qui valait 4.200 livres, 126.000 francs d'aujourd'hui.

Une clause du contrat portait que si le roi décédait sans laisser de fils, *sa veuve ne pourrait épouser que son successeur.* Il mourut en 1498. Le trône revint au duc d'Orléans, l'un des vaincus de Saint-Aubin-du-Cormier.

**Anne et Louis XII.** — Louis XII obtint du pape Alexandre VI l'annulation d'un mariage qu'il avait contracté depuis de longues années avec une fille de Louis XI, Jeanne de France, pauvre princesse très vertueuse mais laide et infirme. *Il put alors épouser Anne*, qui s'était empressée de retourner en Bretagne et qui redevint reine (janvier 1499).

Sa situation ne ressemblait pas à celle de 1491. Ce n'était plus une princesse vaincue que prenait le roi. Aussi imposa-t-elle ses conditions en faveur de son cher duché. Le roi promit de respecter « *les libertés, franchises, usaiges et coutumes du pays* » et de ne percevoir que les impôts approuvés et votés par les États.

En octobre 1499, *la reine Anne eut une fille, Claude,*

qui, fut fiancée dès 1501, avec la Bretagne pour dot, à Charles de Luxembourg, le futur Charles-Quint, lui-même âgé d'un an. Une telle union, qui flattait la reine, eût, sans nul doute, causé la ruine de la France enserrée de tous côtés par un formidable empire. Heureusement, elle ne s'accomplit pas. En 1506, les États généraux de Tours supplièrent le roi de marier sa fille à l'héritier présomptif du trône, François d'Angoulême. *Louis XII se rendit volontiers à ce vœu* : la Bretagne demeurait liée à la France.

*Le chanoine Le Baud présente sa première Histoire de Bretagne à son protecteur, Jean de Châteaugiron.*

(D'après une gravure de l'Histoire de Bretagne, par Dom Lobineau.)

Le Baud est mort en 1505. Jean de Châteaugiron était un grand seigneur breton de l'époque. Dans cette curieuse gravure, les dames sont représentées coiffées du hennin, long bonnet de forme conique, à la mode au XV$^{e}$ siècle.

Libérale et généreuse, la reine Anne se montrait aussi entêtée et vindicative. Elle témoigna toujours à son pays une ardente affection, aimant à s'entourer de seigneurs bretons qui formaient sa cour. En 1505, elle fit dans son duché, avec une suite brillante, un voyage triomphal. Elle alla de ville en ville sur sa haquenée ou dans une riche litière. « *Et estoit quasi chose miraculeuse*, écrit le chroniqueur Alain Bouchart, *de voir par les champs, chemins et boys, si grande multitude d'hommes, femmes et petits enfants qui accouroyent pour voir leur dame et maîtresse.* »

En 1513, une escadre anglaise vint ravager les côtes de l'Armorique. La flotte bretonne beaucoup plus faible sortit du port de Brest pour livrer bataille. Son principal vaisseau, **la Cordelière**, que la reine avait fait construire et qu'elle affectionnait, après une lutte héroïque, aima mieux sombrer que se rendre et entraîna avec lui dans l'abîme le vaisseau-amiral anglais. Le commandant de la Cordelière se nommait **Hervé Portzmoguer.**

Anne mourut au commencement de l'année suivante. Elle n'avait encore que trente-sept ans.

**Union de la Bretagne à la France. — Claude de France** hérita du duché que son mari administra. Elle mourut en 1524 et François Ier continua de gouverner la Bretagne au nom du dauphin. La question de l'annexion au royaume n'était donc pas encore résolue. **Elle le fut en 1532.** Les États de Vannes, après de vives discussions, sollicitèrent eux-mêmes l'union avec la France « *afin qu'il n'y eût plus de guerre entre les deux pays et à condition que le roi maintiendrait les droits, libertés et privilèges des Bretons. Le roi accorda ce qui lui était demandé et, par ce moyen, unit pour toujours la Bretagne à la couronne de France.* » (Dom Lobineau.)

Le dauphin étant mort en 1536, son frère **Henri** prit aussi le titre nominal de duc de Bretagne. Puis il devint roi sous le nom de Henri II. **L'ancien duché ne fut plus désormais qu'une province du royaume,** mais conserva de précieuses franchises et des droits qui subsistèrent jusqu'à la Révolution.

**Jacques Cartier (1491-1557).** — Un des grands découvreurs du XVIe siècle, **Jacques Cartier** naquit à Saint-Malo. Embarqué de bonne heure, il devint rapidement un excellent marin. Le roi François Ier le chargea d'explorer, en vue d'y créer un établissement, une partie de l'Amérique septentrionale récemment aperçue. En 1534, Cartier, avec deux petits navires, fit voile vers le nord. Trois semaines plus tard, il atteignait l'île de Terre-Neuve. Il en longea la côte occidentale, découvrit le détroit de Belle-Ile, descendit sur plusieurs points du Labrador, noua des relations avec les indigènes et rentra à Saint-Malo après une absence de cinq mois.

Chargé d'une seconde expédition, le capitaine Cartier « *Pilote du Roy* », partit de nouveau pour les Terres-Neuves, avec trois bâtiments, qui emportaient des vivres pour quinze mois. Le 10 août 1535, il entrait dans une magnifique baie, qu'il appela baie de Saint-Laurent, du nom du saint qu'on fêtait ce jour-là et dans laquelle se jetait un grand fleuve dont il explora les bords jusqu'au village indien de Hochelaga. Il prit, au nom du roi de France, possession de cette région *qui devint le Canada*, l'une de nos plus belles colonies.

**Résumé. — 1.** *De nombreux troubles agitèrent la Bretagne au commencement du règne de* **la duchesse Anne,** *qui épousa, en 1491, le roi de France Charles VIII.*

**2.** *Ce prince étant mort, Anne se maria à son successeur et l'union de la Bretagne à la France fut ainsi assurée.*

**3.** **Elle devint définitive** *en 1532, à la demande des États provinciaux : la Bretagne ne fut plus qu'une province, mais elle conserva d'importants privilèges.*

**4.** *Un navigateur breton,* **Jacques Cartier,** *découvrit le Canada sous le roi François Ier.*

**Questionnaire.** — 1. Que savez-vous du commencement du règne de la duchesse Anne et de ses deux premiers mariages? — 2. A qui Louis XII était-il marié et que promit-il en épousant Anne de Bretagne? — 3. Comment s'appelait leur fille? à qui la fiança-t-on? qui épousa-t-elle? — 4. Dites ce que vous savez sur le caractère de la reine Anne, sur son voyage en Bretagne et sur le combat de la Cordelière. — 5. A quelle époque et à quelles conditions la Bretagne fut-elle définitivement unie à la France? — 6. Dites ce que vous savez de Jacques Cartier.

## II. — LA BRETAGNE DU XVIe AU XVIIIe SIÈCLE

(A étudier après les chapitres V, VI et VII du Cours moyen.)

**La Ligue en Bretagne.** — Depuis son union avec la France et malgré quelques incursions ennemies sur ses côtes (en 1522, pillage de *Morlaix* par les Anglais; — en 1558, débarquement au *Conquet* d'une armée anglo-hollandaise que parvint à chasser un seigneur du Léon, *Kersimon*); la Bretagne vivait en paix. Les luttes religieuses ne la troublèrent qu'à peine. L'odieux massacre de la Saint-Barthélemy ne s'y étendit pas. Le protestantisme eut cependant des adeptes dans quelques villes, mais l'immense majorité de la population resta catholique.

Le roi Henri III eut le tort de confier le gouvernement de la province à **Mercœur** qui embrassa le parti de la Ligue. Sa femme, descendante des Penthièvre, le poussait à reconstituer à son profit le duché de Bretagne. Il se déclara contre Henri IV et s'établit à Nantes, Rennes étant royaliste. *Il y eut dans la province deux capitales, deux gouverneurs, deux parlements. Le désordre régna partout.*

Philippe II envoya en Bretagne des troupes espagnoles. Mercœur ne put s'entendre avec leurs chefs et laissa battre à *Crozon* des alliés dont il se défiait (1594). Henri IV, de son côté, appela les Anglais qui débarquèrent une armée sur nos côtes. Le pays connut de nouveau les maux des luttes civiles aggravées par l'intervention étrangère. Parmi les capitaines qui tombèrent dans le camp royaliste, on ne saurait omettre de citer le calviniste breton **La Noue**, l'un des meilleurs soldats de l'époque, aussi remarquable, dit le continuateur de dom Morice, par son désintéressement et par la noblesse de ses sentiments que par sa valeur.

*La guerre dégénéra en brigandage;* la Bretagne se couvrit de ruines. Un épouvantable bandit ligueur, *Gui Eder de Beaumanoir, baron de la Fontenelle*, ravagea la Cornouaille avec une férocité inimaginable; pillant, volant, commettant de sang-froid les crimes les plus atroces, massacrant les hommes, martyrisant les femmes et les enfants. Il détruisit *Penmarch* et fit périr plus de 5.000 paysans. Il défendait sous peine de mort d'inhumer ses victimes, déclarant que l'odeur des cadavres était suave et douce

Le roi, ayant vaincu ses autres ennemis, marcha enfin en personne contre Mercœur *et l'obligea à traiter*. Il lui accorda une forte pension, mais lui enleva le gouvernement de la Bretagne (1598). **Il signa ensuite à Nantes le célèbre édit qui inaugurait l'ère de la tolérance** et accorda à ses adversaires, même à Fontenelle, une amnistie toute politique que beaucoup ne méritaient pas. Puis il vint visiter Rennes qui lui était toujours demeurée fidèle.

**La Bretagne sous Louis XIII.** — La Bretagne, après les guerres de la Ligue, *goûta une assez longue période de tranquillité et le pouvoir royal s'y affermit.*

Quelques faits et quelques hommes méritent seuls une mention pendant la première moitié du XVIIe siècle. Le *duc de Vendôme*, gouverneur de la province, se mêla aux troubles qui accompagnèrent la régence de Marie de Médicis et à la conspiration de Chalais contre Richelieu. Il fut arrêté et emprisonné. Chalais, livré à un bourreau improvisé, souffrit une mort cruelle sur l'une des places de Nantes.

Dans la lutte qui devait aboutir à leur ruine politique et à l'édit d'Alais, les protestants eurent à leur tête un Breton, *Henri de Rohan*, gendre de *Sully*, qui mourut plus tard à l'armée de Bernard de Saxe Weimar, notre allié pendant la guerre de Trente Ans. Un autre capitaine breton, le maréchal *de Guébriant*, commandant les troupes franco-suédoises, périt glorieusement aussi dans cette même guerre.

*Richelieu* avait pris pour lui la charge de gouverneur de Bretagne. Il fortifia *Brest* et en fit un port militaire qui se développera encore à l'époque de Colbert.

**La révolte du papier timbré et des Bonnets rouges.** — Louis XIV avait besoin d'argent pour ses guerres et pour ses fastueuses dépenses. Il créa de nouveaux impôts (papier timbré, monopole du tabac, marque de la vaisselle d'étain), qui causèrent en Bretagne un mécontentement d'autant plus vif que **les États n'avaient pas été consultés sur leur établissement.** Des séditions éclatèrent à Rennes, en avril 1675; les mutins pillèrent le bureau du papier timbré et insultèrent *le duc de Chaulnes*, gouverneur de la province. D'autres, beaucoup plus sérieuses, eurent lieu en Basse-Bretagne, où les paysans, que l'on surnomma **les Bonnets rouges**, à cause de leur coiffure, menacèrent les villes et saccagèrent plus de deux cents châteaux.

Car c'est surtout contre les exactions de leurs seigneurs laïques et ecclésiastiques qu'ils étaient exaspérés. *Cent ans, avant la Révolution, ils réclamaient l'abolition du champart, de la corvée, des dîmes, des banalités, la réglementation de la chasse, la réforme de la justice.* Un notaire faussaire, mais intelligent et énergique, *Sébastien Le Balp*, les conduisait. Il rêva un moment de s'emparer de *Morlaix*, afin de tendre la main aux Hollandais, dont les navires, sous le commandement de Ruyter, croisaient sur la Manche. Il échoua, puis fut tué par un seigneur; les rebelles se dispersèrent aussitôt. Chaulnes envahit alors la Cornouaille avec une armée. Pendant des semaines l'on roua et l'on pendit des paysans. Les troupes du gouverneur entrèrent ensuite à Rennes, que l'on frappa de lourdes taxes. Les habitants de tout un faubourg, au nombre de 4,000, furent bannis et leurs maisons détruites. On arrêta au hasard quantité de gens que l'on envoya aux galères ou à l'échafaud. Le corps de l'un deux, un pauvre ménétrier, nommé Daligault, fut écartelé « et ses quatre quartiers exposés aux quatre coins de la ville ». (M^me^ DE SÉVIGNÉ.) Cette terrible répression ne suffisait pas; 10,000 soldats, habitués à faire sur le Rhin une guerre sans pitié, envoyés en Bretagne pour y passer l'hiver, s'y conduisirent comme en pays conquis.

**La lutte pour les franchises bretonnes.** — L'histoire intérieure de la Bretagne au XVIII^e^ siècle se résume dans la résistance énergique opposée par les États et le Parlement aux impôts nouveaux et surtout aux empiètements des représentants du roi sur les privilèges de la province. *L'autorité royale triompha par des moyens arbitraires* qui lui étaient coutumiers : lettres de cachet, dissolution des États, jugement des meneurs par des tribunaux extraordinaires.

Deux épisodes méritent d'être contés. Sous la Régence, des nobles bretons, mécontents du gouverneur *de Montesquiou*, se réunirent et résolurent de se révolter. Ils demandèrent l'appui de l'Espagne. Philippe V le leur promit, leur donna de l'argent mais ne put leur envoyer de troupes. On découvrit leur conspiration qui se rattachait à celle de l'ambassadeur Cellamare. Beaucoup de gentilshommes s'enfuirent. Quatre d'entre eux : *de Pontcallec, de Montlouis, de Talhouët, du Couëdic*, payèrent pour les autres et moururent à Nantes sur l'échafaud (1720). — La même année un terrible incendie, qui dura sans discontinuer du 22 au 26 décembre, consumait une grande partie de la ville de *Rennes*.

L'autre épisode se déroula dans les dernières années du règne de Louis XV. Il eut pour principaux acteurs **le duc d'Aiguillon**, commandant pour le roi en Bretagne, et **La Chalotais**, procureur général au Parlement de Rennes. D'Aiguillon voulut faire percevoir des impôts récemment créés. Il se heurta à l'opposition des États et aux remontrances du Parlement qu'inspirait La Chalotais. Les membres du Parlement démissionnèrent plutôt que de céder. Des lettres anonymes injurieuses ayant été adressées à un ministre, La Chalotais fut accusé de les avoir écrites, arrêté, mis à la Bastille, puis exilé. Le roi finit par rappeler à la cour le duc d'Aiguillon, dont l'impopularité ne pouvait plus grandir. A l'avènement de Louis XVI, La Chalotais revint à Rennes, au milieu des démonstrations de la joie populaire.

**Attaques anglaises sous Louis XIV et Louis XV.** — La situation de la Bretagne l'exposait aux attaques des Anglais, qui la menacèrent maintes fois sous Louis XIV, Louis XV et Louis XVI.

En 1693, ils essayèrent, mais en vain, de détruire *Saint-Malo* au moyen d'un bateau chargé de poudre et d'obus, sorte de machine infernale, qui éclata sur un écueil, à quelque distance des remparts. En 1746, sans plus de succès, ils assiégèrent *Lorient* et ravagèrent les paroisses voisines. En 1758, ils tentèrent deux descentes, l'une contre *Saint-Malo*, qu'ils ne purent prendre ; l'autre à *Saint-Briac*. Au cours de cette dernière, cent paysans, commandés par *Rioust des Villes Audrains*, arrêtèrent pendant trente heures, au passage de l'Arguenon, leur armée, forte de neuf mille hommes, permettant ainsi au duc d'Aiguillon d'accourir avec les milices bretonnes et d'infliger, sur la plage de **Saint-Cast**, une sanglante défaite à l'arrière-garde des envahisseurs. Plus heureux en 1761, les Anglais s'emparèrent de *Belle-Ile*, qu'ils conservèrent jusqu'au traité de Paris (1763).

**Corsaires et marins.** — Depuis le XVIe siècle, de nombreux **corsaires** sortaient en temps de guerre de Saint-Malo, de Morlaix, de Brest, de Nantes. On appelait de ce nom des bâtiments armés par des particuliers, avec l'autorisation royale, dans le but de poursuivre les navires marchands ennemis, pour s'en emparer et les vendre au profit des armateurs et des équipages. La course était donc une opération militaire et une affaire commerciale.

*Duguay-Trouin.*

Aucune époque ne présente, en Bretagne, autant de hardis marins que le XVIIe et le XVIIIe siècles. Beaucoup, avant d'entrer au service du roi, s'étaient rendus célèbres comme corsaires.

Il faut citer surtout **René Duguay-Trouin** (1673-1736), qui s'illustra pendant la guerre de succession d'Espagne ; — **de Coëtlogon** (1646-1730), compagnon de Duquesne dans sa lutte contre les Hollandais ; — le Nantais **Cassard** (1672-1740) que Duguay-Trouin proclamait un grand homme de mer ; — **Mahé de la Bourdonnais** (1699-1751) le rival de Dupleix ; — **Guichen** (1712-1790), **La Motte-Picquet** (1720-1791), **du Couëdic** (1740-1780) qui combattirent les Anglais pendant la guerre d'indépendance américaine ; — **Cornic-Duchêne** (1731-1809) « l'officier bleu », qui, n'étant pas d'origine noble, ne put obtenir sous l'ancien régime que des emplois secondaires. Ajoutons encore, à cette liste bien incomplète, les explorateurs **Marion** (1729-1772) que mangèrent les anthropophages de la Nouvelle-Zélande, et **Kerguelen** (1785-1792) qui découvrit l'île à laquelle on donne encore son nom. N'oublions pas enfin le Régulus breton, **Porcon de la Barbinais**. Prisonnier du dey et chargé par lui auprès de Louis XIV d'une mission qui ne pouvait réussir, il retourna, esclave de la parole donnée, se livrer aux bourreaux algériens.

**Résumé. — 1.** *A l'époque de la Ligue, la Bretagne où dominait le duc de* **Mercœur**, *adversaire de Henri IV, fut horriblement dévastée.*

**2.** *De Henri IV à Louis XIV, période de paix ; mais les impôts créés par celui-ci et les exactions des seigneurs amenèrent, en 1675, une révolte qui fut réprimée avec cruauté.*

3. *Au XVIIIe siècle les Etats et le Parlement luttèrent contre le despotisme royal en faveur des privilèges de la province.*
4. *De Louis XIV à la Révolution, les Anglais attaquèrent plusieurs fois la Bretagne, qui donnait à la France de nombreux et hardis marins.*

**Questionnaire.** — 1. Comment vécut la Bretagne depuis son union avec la France jusqu'à l'avènement de Henri IV ? — 2. Dites ce que vous savez de Mercœur et de la Ligue en Bretagne. — 3. Parlez de la Bretagne sous Louis XIII. — 4. Quelles sont les causes de la révolte des Bonnets rouges? racontez cette révolte et sa répression. — 5. Parlez de l'histoire intérieure de la Bretagne au XVIIIe siècle; des attaques anglaises et des marins bretons de Louis XIV à la Révolution.

## III. — ORGANISATION ADMINISTRATIVE IMPOTS. — DROITS FÉODAUX

(A étudier après le chapitre VII du Cours moyen.)

**Les Etats provinciaux.** — Sous l'ancien régime, la Bretagne, comme les autres provinces françaises, a un gouverneur et un intendant. Le premier, toujours grand seigneur, ne conserve plus guère au XVIIIe siècle que des droits honorifiques. Le second n'existe comme fonctionnaire permanent qu'à partir de 1688. Son rôle est moins important que dans les pays d'élection.

**Les Etats provinciaux**, établis par les anciens ducs, subsistent jusqu'en 1789. *Ils ne représentent qu'une infime minorité de la population.* Les membres du haut clergé et les nobles y siègent de droit. Quarante-deux villes y envoient des députés. *Ils possèdent des attributions financières assez étendues.* Le roi passe souvent outre à leurs résistances. Celles-ci n'en amènent pas moins une certaine modération dans les charges de la province. Ils votent les impôts demandés par l'intendant et les autres commissaires royaux, en garantissent le paiement. Ils en opèrent la répartition et en surveillent le recouvrement au moyen d'une *Commission intermédiaire* de 90 membres, nommée à chaque tenue et subdivisée en *neuf bureaux diocésains.* Ils émettent aussi des vœux, formulent des remontrances. Ils défendent énergiquement les droits de la province chaque fois que ces droits touchent aux intérêts des privilégiés; mais ils ne pensent guère à ceux de la masse populaire.

**Villes et paroisses rurales.** — Les quarante-deux villes députant aux États sont les seules qui aient un budget régulier. Elles ont des **municipalités** diversement composées (car rien n'est uniforme dans l'administration de cette époque), mais dont les membres sont le plus souvent des seigneurs, des ecclésiastiques, des hommes de loi, de riches bourgeois, élus par un corps restreint ou ayant acheté leur office.

On compte environ *quatorze cents paroisses rurales.* Chacune a son **général,** à la fois conseil de fabrique et conseil municipal. Il se compose de douze anciens trésoriers ou marguilliers, de deux trésoriers en exercice, du recteur, du seigneur ou de son procureur fiscal et du sénéchal ou juge de la juridiction seigneuriale. *On n'y trouve que des paysans aisés* désignés par le général et non par l'élection populaire. Il nomme des *égailleurs* pour la répartition des principaux impôts, des *collecteurs* chargés d'en faire la recette à leurs risques et périls et deux *syndics,* l'un pour diriger la corvée des grands chemins, l'autre pour le service du passage des troupes.

**Le Parlement.** — Créé par les ducs, réformé par Henri II, le **Parlement,** qui siège à Rennes, **est la cour**

*Salle de l'ancien Parlement de Bretagne au Palais de Justice de Rennes.*
Le palais de justice de Rennes a été construit au XVIIe siècle pour le Parlement de Bretagne.

**suprême de justice,** celle où l'on porte les appels en dernier ressort. Les ordonnances royales n'ont force de loi dans la province où règne le droit coutumier, que lorsqu'il les a enregistrées. Souvent il s'unit aux États pour s'opposer aux empiétements de la royauté. Ses membres sont des seigneurs, qui achètent leurs charges et forment un petit monde aristocratique et fermé. On lui reproche de faire pencher la balance en faveur de la noblesse.

**Autres tribunaux.** — Quatre *présidiaux* (Rennes, Nantes, Vannes, Quimper) remontant à Henri II, avec une vingtaine de *sénéchaussées* non présidiales représentent, au-dessous du Parlement, la justice royale en Bretagne. Mais à côté se placent au moins *2.500 justices seigneuriales* singulièrement enchevêtrées. Les unes ont de vastes ressorts; beaucoup ne s'étendent que sur des fiefs minuscules. Elles servent aux seigneurs, qui en nomment les innombrables juges, procureurs, greffiers, notaires, sergents ou huissiers, à exploiter leurs droits contre les paysans, leurs tenanciers. « *Grâce à sa justice, le noble se trouve dans la situation d'un grand propriétaire qui ferait administrer ses domaines, juger ses contestations avec ses fermiers par un régisseur qu'il ne paierait même pas* ». (GIFFART.) Ces tribunaux féodaux sont plus nombreux dans notre province que dans les autres, au grand préjudice des pauvres gens, ruinés par des procédures incessantes, d'autant plus longues que l'on compte parfois six ou sept degrés de juridiction. Les juges des grandes seigneuries, comme les juges royaux, sont des hommes de loi généralement instruits. Souvent dans les petites « *leur ignorance est si grossière qu'ils savent à peine lire et écrire; leur plus grande occupation les jours d'audience est de se faire alimenter et désaltérer par leurs clients* ». (B. DE LA VILLE-MOYSAN.) Il en est, dit le cahier de la paroisse d'Antrain, « *qui ont l'air de mendiants et n'ont jamais connu ni coutume, ni ordonnances* ».

**Les impôts.** — La Bretagne *ne paie pas des impôts exagérés*. L'intervention des États provinciaux a produit sur ce point d'heureux effets. *Mais ils sont injustement répartis et écrasent les paysans.* Eux seuls subissent la *taille,* qui porte ici le nom de *fouages.* Les mesures prises en faveur des privilégiés font peser aussi plus fortement sur les campagnes le poids de plus en plus lourd de la *capitation* et des *vingtièmes.* Le sel circule librement : avantage considérable. Par contre la *corvée royale des grands chemins* est très lourde. C'est une imposition essentiellement roturière. Les exemptions accordées aux riches et à leurs domestiques la font tomber sur les cultivateurs les moins aisés.

Les États se sont bien gardés de protester contre son établissement qui ne pouvait que profiter aux privilégiés sans leur rien coûter. Quand Louis XVI la supprimera dans le reste de la France, ils la conserveront plutôt que de consentir à voter une taxe qui atteindrait la noblesse et le haut tiers. Chaque paroisse et chaque contribuable ont leur tâche déterminée de construction ou de réparation. Le travail est obligatoire et gratuit. En 1757, il n'y avait encore en Bretagne que 320 lieues de routes; on en compte 950 en 1789. Mais que d'ennuis et que de mal ont eus les corvoyeurs! « *Le laboureur n'est plus qu'un vil corvéable,* écrit Gohier; *on l'arrache à ses champs, on le conduit comme un forçat sur la voie publique; on le soumet à des amendes; on établit des garnisons dans sa chaumière. On le traîne, on le fait languir en prison. Aucune loi ne le met à l'abri des outrages. Comme l'a si bien dit le procureur syndic de la communauté de la ville de Rennes, des milliers de cultivateurs sont impitoyablement condamnés à construire un chemin, sur lequel ils ne marchent que pieds nus.* »

La province ne possède pas de casernes. Le logement des troupes est une charge roturière.

« *Des gens destitués de toutes ressources se voient tout à coup, à l'arrivée d'un régiment, enlever leur habitation. On jette leurs meubles sur le pavé; on les expose dans les rues à être brisés par les voitures des privilégiés.* » (Gohier.) Les militaires commettent souvent des excès : larcins, injures, violences, sur lesquels les officiers ferment volontiers les yeux.

Autre charge roturière : le recrutement et l'équipement de *la milice*, qui fut établie au XVII^e siècle et qui forme la réserve de l'armée active.

La Bretagne ne fournit par an qu'un bataillon de 710 hommes recrutés par le tirage au sort. Faible contingent, sans doute, si des exemptions multiples n'en rejetaient tout le poids sur la classe la moins aisée. Quatre cent cinquante paroisses maritimes, non assujéties à la milice territoriale, fournissent 9,000 hommes de *milice garde-côte*.

**Droits féodaux.** — Aux charges imposées par la royauté s'ajoutent, pour les roturiers, les droits féodaux. Ils paraissent d'autant plus lourds en Bretagne, qu'ils y sont nombreux et que leur perception ou leur exercice s'accompagne d'exactions, d'abus et de frais judiciaires élevés.

*« On a vu des aveux rendus pour moins d'un journal de terre et une chétive maison ne valant pas dix livres d'affermage, coûter jusqu'à deux cents livres. »* (CAHIER DE BAIS.)

La province se divise en une multitude de fiefs. Chacun d'eux comprend le *domaine propre* (château ou manoir, métairies, fermes, convenants, bois, terres vagues) et les *mouvances*, propriétés dépendant féodalement du seigneur, judiciairement de son juge, les unes nobles, les autres roturières. *La propriété roturière* est bien un patrimoine, mais elle n'est pas pleine et entière et ne le deviendra qu'à la Révolution.

Sur elle, en effet, pèsent des droits féodaux réels : *redevances* en argent et en nature. Le seigneur possède en outre les droits de *rachapt*, de *lods et ventes*, de *fief chéant et levant*, de *guet et de garde*, de *bouteillage*, de *fumage*, de *foires et marchés*, qui forment autant d'impôts directs ou indirects. *Les corvées seigneuriales*, atténuées depuis le moyen âge ; *les banalités*, surtout celle des moulins particulièrement odieuse en Bretagne où les seigneurs font briser les petites meules à bras servant aux paysans à moudre leur blé noir, ennuient ou accablent les cultivateurs. *Colombiers*, *fuies*, *garennes* grèvent l'agriculture qui ne dispose d'aucun moyen de défense. Pour exercer leur droit de chasse, les seigneurs foulent les récoltes aux pieds, menacent les paysans, tuent leurs chiens, leur enlèvent leurs fusils. *La pêche* est interdite au roturier même dans le ruisseau qui traverse sa prairie. Enfin, la Bretagne est le pays classique de *redevances bizarres*, qu'un gros volume ne suffirait pas à décrire : quintaine, soule, chapeau de roses, tison de Noël, chevauchée, saut des poissonniers... ; elles amusent les privilégiés et humilient les vilains. Ajoutons encore *la dîme* qui se lève sur les terres roturières à des taux variant de la 8e à la 36e gerbe et qui sert surtout à enrichir les gros décimateurs : évêques, abbés, chapitres, seigneurs laïques.

**Résumé. — 1.** *La Bretagne conserva jusqu'à la Révolution une administration quelque peu différente de celle des autres provinces ; elle avait des* **États provinciaux,** *composés de privilégiés, jouissant d'attributions financières assez étendues.*

**2.** *La justice était confiée au* **Parlement** *de Rennes, à une vingtaine de tribunaux royaux, et à une multitude de tribunaux féodaux, dont les juges étaient choisis par les seigneurs.*

**3.** *Les impôts n'auraient pas été très lourds, s'ils avaient été convenablement répartis, mais ils pesaient surtout sur les paysans.*

**4.** *De nombreux droits féodaux s'ajoutaient aux impôts pour accabler les gens des campagnes.*

**Questionnaire.** — 1. Dites ce que vous savez des États provinciaux, leur composition, leur rôle. — 2. Parlez de l'administration des villes et des paroisses rurales. — 3. Que savez-vous du Parlement et des autres tribunaux ? — 4. Parlez des impôts et plus particulièrement de ceux qui ne pèsent que sur les roturiers. — 5. Dites ce que vous savez sur les fiefs et les droits féodaux en Bretagne.

## IV. — LA VIE SOCIALE ET ÉCONOMIQUE

(A étudier après le chapitre VIII du Cours moyen.)

**Le clergé.** — Au point de vue ecclésiastique, **la Bretagne se partage en neuf évêchés :** Rennes, Nantes, Saint-Malo, Saint-Brieuc, Vannes, Quimper, Saint-Pol, Tréguier et Dol, dont chacun forme, pour la répartition et la perception des impôts directs, une circonscription financière. Les évêques sont de grands seigneurs ; ils ont des régaires ou fiefs étendus et des ressources considérables. Abbayes florissantes et riches prieurés couvrent le pays. Évêques, abbés, chapitres forment *le haut clergé*, le seul qui ait droit d'assister aux États provinciaux. Au-dessous, *le bas clergé*, d'origine plébéienne, bienfaisant et charitable, ne dispose que de faibles ressources.

Les desservants, que l'on appelle les *recteurs*, et leurs *curés* ou vicaires sont souvent réduits à une maigre portion congrue. L'évêque de Rennes touche plus de 50.000 livres, alors que certains recteurs congruistes n'en ont pas 500 et que les décimateurs ne paient les vicaires que 350. Le peuple désire qu'on améliore leur situation et que les biens des moines gros décimateurs, qui ne rendent plus aucun service, soient employés à secourir les pauvres.

**La noblesse.** — Il y a également une *haute noblesse*, dont les membres vivent à la cour ou dans les villes et une *petite noblesse* qui réside à la campagne en de modestes manoirs et « *qui paraît n'avoir été nulle part aussi nombreuse et aussi misérable qu'en Bretagne.* » (Sée.)

Malgré quelques heureuses exceptions et quoi qu'on en ait dit, les nobles de la région *sont durs pour les paysans.* Ils essaient au XVIIIe siècle de tirer de leurs droits féodaux des ressources plus élevées, aux dépens de leurs vassaux. Aidés par leurs procureurs et leurs juges, beaucoup s'emparent d'une partie des landes ou communs dont les pauvres, de temps immémorial, avaient l'usage. Ils ne sont pas aimés. « *Nous voyons les nobles tels qu'ils sont*, lit-on dans le cahier de Le Merzer. *La raison nous dit que tout homme doit contribuer aux charges de la société en proportion de l'utilité qu'il en retire et nous ne voyons qu'injustice* ».

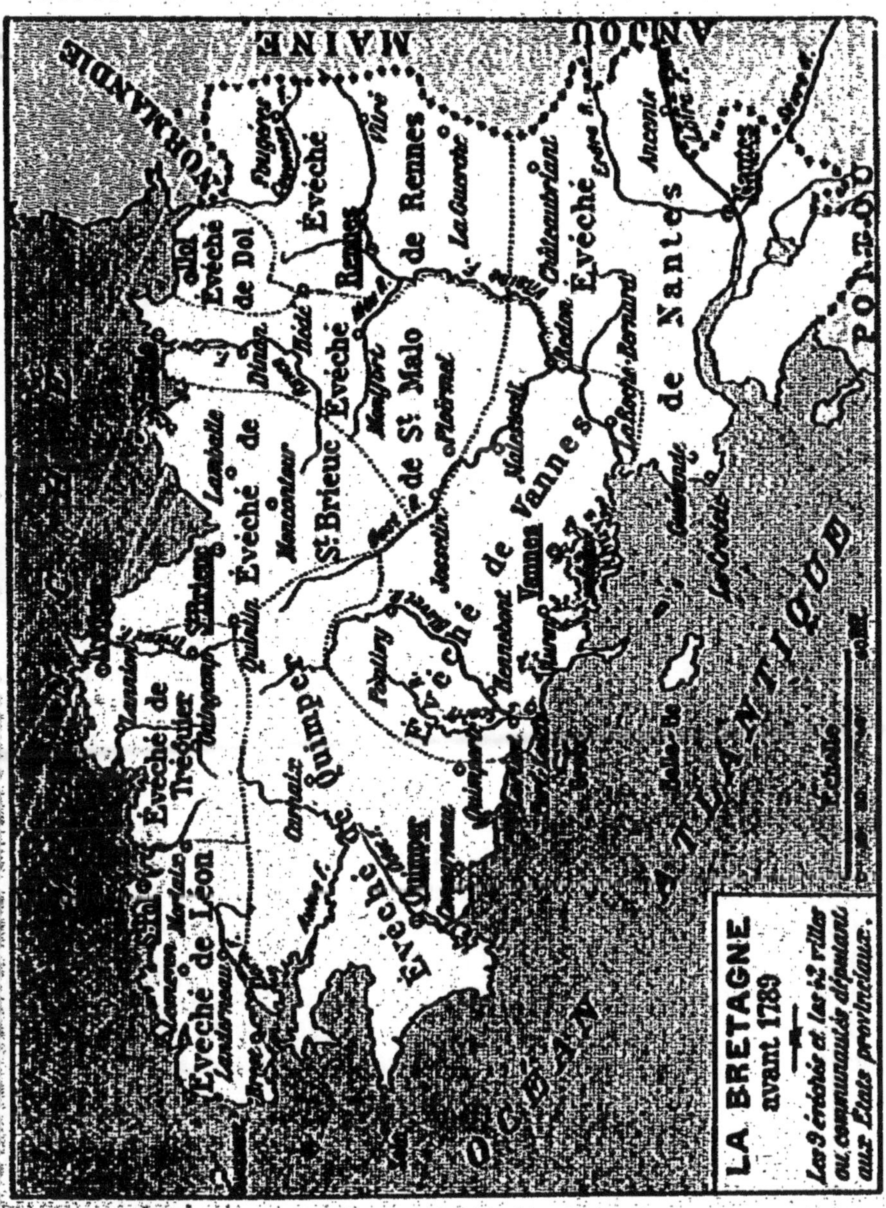


**Le Tiers.** — Le *tiers* comprend : 1° la *bourgeoisie* (professions libérales, armateurs, négociants) riche, privilégiée, jouant un rôle politique aux Etats provinciaux et dans les municipalités ;

2° les *artisans* et *petits commerçants* auxquels on peut rattacher les *marins;* 3° enfin les *paysans* (propriétaires, fermiers, métayers, journaliers), qui cultivent la terre et « *qui mériteraient de ne pas manquer de ce pain qu'ils épargnent aux autres hommes le mal de semer* ».

**L'agriculture.** — Un mémoire adressé en 1733 par l'intendant, au contrôleur général, évalue la surface des landes et terres incultes aux 3/7 de la province. Le paysan est généralement pauvre, mal outillé, routinier.

Quand son champ a rapporté deux ou trois récoltes, il le laisse plusieurs années *en jachère*. En Basse-Bretagne, où règne le *domaine congéable* ou convenant, dont le fonds appartient au seigneur et les superfices (bâtiments, haies, récoltes), au fermier, certains sols, dits terres froides, ne sont labourés qu'une fois tous les six ou sept ans, après écobuage. Car on manque d'engrais, sauf au bord de la mer qui fournit aux riverains sable, calcaire et goémon. On sème le seigle, le froment, le blé noir. Ce dernier forme la base de la nourriture dans les campagnes. Seigle, froment et avoine servent à payer les redevances féodales; dans les bonnes années, quand le commerce des grains est autorisé, on en exporte en France ou à l'étranger. La vigne, jadis beaucoup plus répandue, n'occupe plus guère que la région nantaise. On cultive aussi le lin et le chanvre, qui fournissent des filasses estimées. Le bétail est abondant, mais mal nourri, faute de bonnes prairies, et de qualité médiocre. L'élevage du cheval a de l'importance dans le Léon et le Trégorrois.

Quelques progrès s'accomplissent dans la deuxième moitié du XVIIIe siècle, sous l'influence de l'intendant, des États et de la Société d'agriculture de Bretagne : dessèchements de marais; défrichements de landes; culture de la pomme de terre, d'abord introduite à Belle-Ile; emploi de la marne; création de prairies artificielles. *Ils ne sauraient être très considérables : les principaux intéressés sont trop ignorants et ont trop peu de ressources.*

**L'habitation du laboureur.** — « Au milieu de sites délicieux, vivent les individus les plus sales, les plus grossiers, les plus sauvages. Leur cahute sans jour est pleine de fumée. Une claie légère la partage. Le maître du ménage, sa femme, ses enfants et ses petits-enfants occupent l'une des parties. L'autre contient les bœufs, les vaches, tous les animaux de la ferme. Une seule fenêtre de dix-huit pouces de hauteur donne un rayon de lumière. Des deux côtés d'une vaste cheminée sont placées de grandes armoires sans battants, dont la séparation n'est formée que par quelques planches où sont les lits, dans lesquels les pères, les mères, les enfants entrent couchés, car la hauteur de ces étages n'est quelquefois que de deux pieds. Ils dorment sur la balle d'avoine et de seigle, sans draps; beaucoup d'entre eux ne sont couverts que d'une espèce de sac de balle... ». (CAMBRY, *Voyage dans le Finistère*, 1795.)

*Un marché.*
(D'après une gravure du Voyage dans le Finistère, par Cambri.)
L'acheteur frappe dans la main du vendeur pour témoigner de leur accord.

**L'Industrie.** — Au centre de la Basse-Bretagne, l'importante mine de plomb argentifère de *Poullaouen* occupe, en 1780, un millier d'ouvriers. L'industrie du sel est fort active à *Guérande, Bats, Le Croisic*. Elle florissait dès le XVe siècle. *Nantes* possède déjà de grandes raffineries de sucre. Mais l'industrie la plus prospère, la plus étendue, bien que sa décadence commence au XVIIIe siècle, *est celle des toiles* qui s'exerce surtout dans les campagnes.

La femme, la fille, la servante du cultivateur filent le lin ou le chanvre de sa récolte et lui tisse, en hiver, avec son fils et son domestique. « *Il trouve dans ce travail un complément de ressources nécessité par l'insuffisance de la production agricole* ». (SÉE et LESORT.) Quintin, Rennes, Locronan, Vitré, Fougères, Guingamp, sont des centres de fabrication et de vente. Voilà, avec la pêche et la construction des navires, les plus remarquables industries de la Bretagne, pays surtout agricole et maritime. Les métiers y sont comme ailleurs, soumis à des règlements étroits, contre lesquels les Etats eux-mêmes s'élèvent : « *Les lois particulières des corporations*, observent-ils en 1783, *sont presque toutes opposées au bien général. La liberté et la concurrence sont reconnues être la base des arts et du commerce. C'est une vérité notoire que les neuf dixièmes des artisans de la province, quoique mal vêtus et mal nourris, n'ont pas à la fin de chaque année un écu libre de dettes* ».

**Le commerce.** — La situation de la Bretagne favorise les relations avec l'étranger; mais elles subissent le contre-coup des nombreuses guerres de Louis XIV et de Louis XV. La province exporte des toiles, des grains, de la morue pêchée à Terre-Neuve, du sel, des vins nantais, des sucres raffinés. Elle a des ports florissants : *Saint-Malo, Morlaix, Brest, Lorient, Nantes.*

Ce dernier commerce avec la Hollande, l'Espagne, l'Amérique du sud, les Antilles, qui lui fournissent du cacao, des épices, du sucre brut, de l'or. Au XVIIIe siècle, il joint à son trafic *la traite des noirs*. Les capitaines négriers se rendent sur la côte d'Afrique, où ils échangent, pour des marchandises de pacotille, des esclaves que l'on entasse sur les navires afin de les vendre en Amérique. Ces malheureux durement traités périssent en grand nombre pendant la traversée.

De sévères réglements entravent souvent le commerce extérieur. Le commerce intérieur manque également de liberté. *La traite domaniale* — c'est le nom qu'on donne aux droits de douanes — se perçoit, non seulement dans les ports, mais à l'entrée des provinces limitrophes. Des *péages* et divers autres droits, onéreux ou gênants, s'y ajoutent. Si les grandes routes se développent, les chemins de bourg à bourg existent à peine. Les propriétaires voisins, qui en ont la charge, ne les entretiennent pas. Le commerce intérieur souffre de cet état de choses.

Dès le XVIe siècle, des travaux de canalisation *ont rendu la Vilaine navigable*. Des chalands chargés de sel, de vin, de fer peuvent remonter jusqu'à Rennes. La contrebande du sel ou *faux-saunage*, se pratique activement à la frontière du Maine, pays de gabelle.

**Les épidémies.** — Rien de plus lamentable que l'état sanitaire des campagnes et des villes bretonnes. Rues mal entretenues; ruelles remplies d'ordures; cimetières placés au milieu des agglomérations et étrangement multipliés, chaque couvent, chaque chapelle tréviale ayant le sien ; habitude d'inhumer dans les églises, pour la satisfaction des vanités locales et au profit des fabriques; maisons mal éclairées, mal aérées, malpropres; mauvaise alimentation; ivrognerie : *que de causes de maladies !*

En fait, de véritables épidémies de dysenterie, de fièvre typhoïde, de variole s'abattent presque chaque année sur tout ou partie de la province. Celles de 1741 et de 1758 furent terribles. La première commença près de Vitré, dura une année et enleva près de 80.000 habitants. L'autre fit périr à Brest 3.000 personnes, s'étendit en Basse-Bretagne, tuant, en certaines paroisses, 1/5 de la population. Les paysans se croient ensorcelés. Les médecins et les bons chirurgiens sont d'ailleurs rares, sauf dans les villes. On consulte les empiriques qui conseillent d'étranges remèdes. Dans le diocèse de Quimper, les malades absorbent « un quarteron de poivre pilé dans une chopine d'eau-de-vie » : traitement énergique, mais dangereux.

**La misère.** — *Épidémies et misère se lient intimement.* Celle-ci est bien grande dans les classes inférieures des villes et des campagnes. « *La détresse du prolétaire est effroyable; c'est une indigence sans nom, dont nous n'avons plus heureusement aucune idée.* » (DUPUY.)

**Lettre du Recteur de La Chapelle-Janson à l'Intendant (1772).** — « La viande est d'un grand secours, mais l'essentiel est que les pauvres aient du pain pour les empêcher de mourir de faim, ce que je crains plus que jamais de voir arriver. La misère, la pauvreté et la famine paraissent montées à leur comble surtout dans ma paroisse qui manque de tout secours, n'y ayant que cinq à six personnes en état de donner l'aumône... Sur 2.200 personnes qu'elle compte, 1.800 pour le moins demandent du pain sans en trouver. La plupart mangent des brous bouillis et, à leur défaut, des herbes. Je ne puis vous marquer ceci sans verser des larmes, dans l'impuissance où je me trouve de les secourir. Si par chefs de famille vous entendez ceux qui ont de la terre à faire valoir, grande ou petite, j'en trouve environ cent cinquante, dont les trois-quarts tiennent de petites closeries de deux ou trois journaux, ce qui ne les empêche pas d'être dans la dernière misère, même dans les grandes terres. Si par propriétaires vous entendez tous ceux qui ont quelques fonds en propre, j'en trouve trente-six, dont une trentaine ont de petites closeries à misère et qui n'empêchent pas à plusieurs de chercher du pain et de languir. Voilà ce que je puis vous marquer de ma pauvre paroisse comme devant la connaître assez, en ayant fait la visite chaque année depuis vingt-deux ans. »

**Résumé.** — **1.** *On trouve en Bretagne, comme dans le reste de la France, trois ordres distincts : clergé, noblesse, tiers-état.*

**2.** *L'agriculture est généralement routinière et peu productive.*

**3.** *La principale industrie est la fabrication de la toile.*

4. *La Bretagne possède des ports actifs; mais, comme l'industrie, le commerce y est géné par d'étroits réglements.*

5. *L'état sanitaire est lamentable; les épidémies et la misère sévissent de concert, surtout dans les campagnes.*

**Questionnaire.** — Dites ce que vous savez des diverses classes du clergé, de la noblesse et du tiers-état. — 2. Quel est l'état de l'agriculture en Bretagne? — 3. Parlez de l'industrie, du commerce, des voies de communication. — 4. Dites ce que vous savez de l'état sanitaire de la Bretagne et des épidémies. — 5 Résumez la lettre du recteur de la Chapelle-Janson.

## V. — LA VIE INTELLECTUELLE

(A étudier après le chapitre VIII du Cours moyen.)

**L'Architecture.** — Du XIIe siècle au XVIe, *l'art gothique*, mélangé à l'art roman et plus tard à l'art de la Renaissance, a couvert le duché d'une multitude d'abbayes, d'églises, de chapelles, nées de la piété populaire, œuvres d'ouvriers et d'architectes obscurs qui ont fouillé le dur granit de Bretagne, construit d'élégants clochers à jour, sculpté des chaires et des stalles merveilleuses, peint de naïfs et superbes vitraux.

*Église de Notre-Dame de Folgoët XIVe-XVI[e] siècles.*

Cette église, célèbre dans le Finistère, fut construite, selon la légende populaire, en souvenir d'un pauvre *innocent*, que l'on appelait dans le pays « *le fou du bois* » (*foll. coet*).

De ces siècles datent les cathédrales de Dol, de Tréguier, de Saint-Pol, de Quimper, de Vannes, de Nantes; les églises Notre-Dame à Vitré, Saint-Mélaine à Rennes et à Morlaix; Notre-Dame à Guingamp, Lamballe, Roscoff, Notre-Dame du Folgoët, Notre-Dame du Creisker à Saint-Pol avec le plus svelte des clochers bretons, Saint-Armel à Ploërmel; les chapelles Notre-Dame à Lantic; Notre-Dame du Mûrier à Batz; l'abbaye de Beauport; le prieuré de Léon : énumération bien incomplète.

*Les stalles du chœur de la cathédrale de Saint-Pol-de-Léon.*
Ces magnifiques stalles gothiques sont du XVIe siècle.

Le Léonais est la région des calvaires monumentaux, qui s'élevèrent aux XVIe et XVIIe siècles sous l'influence d'ardents prédicateurs. On ne connaît pas le nom des « imagiers » qui en taillèrent, dans le granit bleu de Kersanton, les innombrables personnages.

*Château de Josselin.*

Le château de Josselin appartient au XIVe siècle à Olivier de Clisson. C'était une forteresse très importante, qui fut démantelée sous Louis XIII. Il a été, en partie, restauré.

Les plus curieux se trouvent à *Guimiliau, Plougastel-Daoulas, Saint-Thégonnec, Plougouven* et *Pleyben*.

La catholique Bretagne fut aussi la belliqueuse Bretagne, le pays des longues guerres féodales et des luttes contre les Anglais. Nombreuses les forteresses qui le rappellent.

*Calvaire de Plougastel-Daoulas* (1602-1604).
Nombreux bas-reliefs et, sur la plate-forme, plus de deux cents personnages.

Plusieurs de ses cités : Saint-Malo, Vitré, Dinan, Concarneau, Guérande ont conservé leurs enceintes de murailles, datant pour la plupart des XIII^e^, XIV^e^ et XV^e^ siècles, et qui, avec leurs rues étroites bordées de vieilles maisons, leur donnent un cachet de moyen âge. Nantes possède encore son château de François II ; Morlaix son château du Taureau; Saint-Servan, sa tour Solidor; Fougères ses tours et ses imposantes ruines ; Josselin, son château des Rohan.

Les monuments élevés sous les Bourbons, de Henri IV à la Révolution, ont un caractère moins général.

Entreprises sous Richelieu, les fortifications de Brest sont remaniées et complétées par Vauban. Vers la même époque, le fort de la Latte se dresse sur le cap Fréhel. Rennes, au XVII^e^ siècle, commence sa cathédrale et bâtit pour le Parlement son palais de justice. Au XVIII^e^, l'ingénieur Choquet de Lindu perfectionne le port de Brest et la Compagnie des Indes crée celui de Lorient.

**La sculpture et la peinture.** — Nantes possède dans sa cathédrale une merveille : *le tombeau de François II*, chef-d'œuvre de **Michel Colombe** *«ymaigier»* de Louis XI et de ses successeurs. Ce sculpteur, demeuré longtemps inconnu, est probablement originaire du Léon. Il commença à l'âge de soixante-douze ans, vers 1502, le magnifique mausolée du dernier

*La porte Saint-Michel, à Guérande.*

Cette porte est la mieux conservée des quatre qui s'ouvrent dans les remparts de Guérande (XVe siècle). Deux tours élevées en faisaient une véritable forteresse ; elles servent aujourd'hui d'hôtel de ville et de prison.

*Tombeau de François II et de sa femme Marguerite de Foix.*

(Du sculpteur Michel Colombe.)

duc de Bretagne et de sa femme Marguerite de Foix, que la reine Anne lui avait commandé. Autour de la dalle de marbre noir sur laquelle reposent les statues en marbre blanc des deux souverains, veillent la Force, la Justice, la Prudence et la Sagesse L'ensemble est plein de grandeur.

*Vieille maison à Lannion.*

**Lannion, comme d'autres villes bretonnes, possède encore des rues bordées de vieilles maisons très pittoresques.**

L'art de la miniature, qui florissait à la fin du moyen âge, a produit une « *œuvre splendide* » : le *Livre d'heures de la reine Anne*, qui est actuellement à la bibliothèque nationale.

*Anne de Bretagne et ses patronnes.*

**(D'après une miniature du Livre d'heures de la reine Anne.)**

Mais la peinture proprement dite ne compte que peu d'artistes méritant d'être signalés. Citons cependant : les Nantais **Charles Errard** (1606-1689) que Louis XIV choisit en 1666 pour organiser à Rome l'Académie de France ; et **Porlall** (1695-1759).

Deux Brestois, les frères **Ozanne**, s'illustrèrent au XVIII<sup>e</sup> siècle comme graveurs.

**La langue bretonne. Les écrivains.** — Les moines bretons d'outre-mer apportèrent en Armorique leur langue, qui s'étendit jusqu'à la Vilaine, mais qui bientôt recula vers l'ouest pour ne plus occuper *que les quatre pays de la Basse-Bretagne : Trégorrois, Léon, Cornouaille et Vannetais*. Elle se divisa *en autant de dialectes*.

La littérature toute populaire à laquelle elle donna naissance « n'offre de textes suivis qu'à partir du XV^e siècle et ces textes sont pour la plupart empruntés aux auteurs français. » (DOTTIN.) Au XVII^e siècle, *Grégoire de Rostrenen* lui rédigea un dictionnaire et une grammaire et les missions prêchées par les Pères *Le Nobletz* et *Maunoir* lui donnèrent un regain de force et de vie.

Bien avant la fin du moyen âge, le français l'avait remplacée à la cour ducale et dans toute la *Haute-Bretagne*, si l'on en excepte quelques villages des environs *de Batz*.

Jusqu'au XVIII^e siècle, la Bretagne n'eut guère d'autres écrivains remarquables que des chroniqueurs et des historiens. Quatre, qui, à des époques différentes, ont écrit l'histoire de la province, méritent d'être mentionnés : **Alain Bouchard**, auteur des *Grandes Chroniques;* le chanoine **Le Baud**, aumônier de la reine Anne; **Bertrand d'Argentré** (1519-1590), sénéchal de Rennes; **dom Lobineau** (1666-1727), bénédictin de l'abbaye Saint-Melaine, à Rennes.

Le XVIII^e siècle a fourni aux lettres et aux sciences un grand nombre d'hommes distingués : **Lesage** (1688-1747), de Sarzeau, auteur de *Gil Blas* et de *Turcaret*, un roman et une comédie célèbres ; le moraliste **Duclos** (1704-1772), de Dinan ; l'économiste **Gournay** (1712-1759), adversaire des entraves apportées au commerce et à l'industrie par les règlements colbertistes ; le mathématicien **Maupertuis** (1698-1759) ; le philosophe **La Mettrie** (1709-1751), né à Saint-Malo, comme les deux précédents ; le jurisconsulte **Poullain du Parc** (1701-1782).

**L'Instruction.** — L'examen des anciens registres de naissances, de mariages et de décès nous *révèle la complète ignorance de la grande majorité des paysans et des ouvriers*. Beaucoup de membres des États généraux savent signer, la plupart d'une main inhabile ; mais ils représentent à la campagne la classe la plus aisée et ils ont pu, dans leur enfance, prendre quelques leçons au presbytère ou auprès d'un maître improvisé. L'instruction populaire est fort peu développée, sauf quelques heureuses exceptions, que l'on rencontre surtout, semble-t-il, dans le pays nantais et qu'il ne faudrait pas ériger en règle commune.

Une ordonnance royale de 1695, rendue en vue de la conversion des protestants, prescrit l'établissement d'une école par paroisse. Elle est demeurée lettre morte en Bretagne où le Parlement ne l'a pas enregistrée.

La noblesse et la bourgeoisie ont des *collèges* en treize villes de la province. En une trentaine d'autres, des régents enseignent les rudiments du latin.

Les jésuites se sont emparés, au XVII^e siècle, de la direction des collèges les plus importants : Nantes, Rennes, Quimper, Vannes, Brest. Ils la conservent jusqu'en 1762, époque où le Parlement, après un réquisitoire sévèrement motivé du procureur général La Chalotais, ordonne la dissolution de leur société. Leur collège de Rennes, le plus prospère de tous, a compté jusqu'à trois mille élèves.

Enfin, Nantes possède une *Université* créée en 1460 par le duc François II, dotée d'importants privilèges et composée des quatre Facultés ordinaires : théologie, arts (lettres et sciences), médecine, droit. Celle-ci, la seule florissante, fut, en 1735, transférée à Rennes, siège du Parlement.

**Résumé.** — 1. *A la fin du moyen âge et au commencement des temps modernes, la Bretagne se couvrit de monuments religieux et de forteresses.*

2. *La Bretagne se divisa de bonne heure en deux régions distinctes : à l'ouest, la* **Basse-Bretagne,** *où le peuple parle encore aujourd'hui une langue d'origine celtique ; à l'est, la* **Haute-Bretagne,** *où l'on ne parle que le français.*

3. *Sous l'ancien régime, l'instruction populaire est très peu développée dans notre province.*

**Questionnaire.** — 1. Parlez de l'architecture en Bretagne depuis les Romains jusqu'à la Révolution. — 2. Dites ce que vous savez sur la sculpture et la peinture. — 3. Comment se divise la Bretagne au point de vue des langues? — 4. Quels sont les principaux écrivains bretons jusqu'à la Révolution? — 5. Que savez-vous de l'instruction en Bretagne sous l'ancien régime?

---

# CHAPITRE IV
# L'ÉPOQUE CONTEMPORAINE

## I. — LA RÉVOLUTION EN BRETAGNE

(A étudier après les chapitres IX, X, XI et XII du Cours moyen.)

**Les États généraux.** — En mai 1788, une ordonnance royale réduisit l'autorité des Parlements. Celui de Rennes protesta avec énergie; le clergé, la noblesse, la bourgeoisie l'appuyèrent. *Une grande effervescence agita la province.* Elle s'accrut à l'annonce des États généraux, qui fit cesser l'harmonie entre les trois ordres. Les privilégiés prétendaient confier, selon l'antique coutume, le soin de nommer les députés aux États provinciaux, étroite oligarchie où ni le peuple, ni le bas clergé n'étaient représentés. Il y eut, en janvier 1789, des luttes sanglantes dans les rues de Rennes entre les nobles et les étudiants dirigés par Moreau. Le roi donna satisfaction au tiers, en décidant que ses députés seraient choisis comme dans les autres provinces. *La noblesse et le haut clergé mécontents ne députèrent personne aux États généraux.*

Les délégués des paroisses et des villes se réunissent en avril 1789 au chef-lieu de chaque sénéchaussée, apportant *leurs cahiers de doléances.* Ils rédigent un *cahier général* et nomment des députés. Le cahier de la sénéchaussée de Rennes contient plus de deux cents articles : la Constituante s'en inspirera pour la Déclaration des droits de l'homme et du citoyen. Les membres du bas clergé élisent aussi des députés qui, à l'origine, s'entendent cordialement avec ceux du tiers. Les représentants de la Bretagne, sous l'inspiration de **Le Chapellier**, de Rennes, forment à Versailles **le club breton**, où ils se rencontrent et qui deviendra plus tard, à Paris, **le club des Jacobins.**

**La nuit du quatre août.** — L'agitation populaire ne se calme pas; des paysans pillent les châteaux, brûlent les titres de leurs seigneurs. Ces violences menacent de s'étendre. Le 4 août, un député breton, **Leguen de Kerengal**, monte à la tribune et s'écrie : *« Qu'on nous apporte* *ici ces titres qui outragent l'humanité même. Qu'on nous apporte ces titres qui obligent des hommes à passer des nuits à battre les étangs pour empêcher les grenouilles de troubler le repos de leurs voluptueux seigneurs. Dites au peuple que vous reconnaissez l'injustice de ces droits. Pour le bien de la paix, hâtez-vous. Un cri général se fait entendre : ne voulez-vous donner des lois qu'à la France dévastée?* » Aux accents de cette voix, l'assemblée nationale frémit. Les droits féodaux, les privilèges tombent. Les députés bretons renoncent aux anciennes franchises de leur province

Le Parlement de Rennes, défenseur du passé, déclare cette renonciation sans valeur, ne reconnaissant qu'aux Etats provinciaux le droit de l'accepter ou de la repousser. Les magistrats mandés devant la Constituante, maintiennent leur protestation, contre laquelle Le Chapellier s'élève avec force : « *Le Parlement,* dit-il, *se croit donc supérieur aux droits de la Nation. Il s'est toujours mis au-dessus d'elle. Qui oserait conseiller à une province de s'isoler de la France, de préférer à la liberté des chartes qui ne font que placer le peuple sous le joug? Où donc est la nation bretonne? Dans quinze cents gentilshommes et quelques ecclésiastiques ou dans deux millions d'hommes?* » Et l'Assemblée, sous l'inspiration de Mirabeau, rend un décret blâmant les magistrats rennais et les suspendant de leurs fonctions.

C'est la fin du Parlement; **c'est aussi celle du régime établi depuis François Ier. La Bretagne ne sera plus administrativement une province.** Elle va être divisée en cinq départements.

**Les Fédérations de Pontivy.** — La disette sévit, alors que certains seigneurs, comme le baron de Renac, possèdent des grains en abondance. Jointe à l'ignorance des paysans, à l'incertitude du lendemain, elle cause, çà et là en Bretagne, des explosions de colère et des troubles regrettables. Plus éclairés, comprenant mieux les réformes accomplies, les patriotes des villes cherchent à maintenir la tranquillité et s'organisent. En janvier et en février 1790, ils tiennent deux réunions à *Pontivy,* centre de l'Armorique. La première comprend les délégués « *des corps de jeunes volontaires* » récemment formés en Bretagne et en Anjou. **Moreau** la préside. A la seconde assistent 168 citoyens représentant 120 villes des deux pays. En toutes deux déborde l'enthousiasme de la liberté et de la fraternité. On établit un *pacte fédératif :* on jure de combattre les ennemis de la Révolution, *de vivre libre ou de mourir.* L'élan donné s'étend de la Bretagne à la France entière. Partout on se fédère. Les délégués bretons se rendent à pied à la fête nationale du 14 juillet 1790 où les accueillent chaleureusement les vainqueurs de la Bastille.

**La Terreur.** — Le temps marche, les hommes et les événements se heurtent. La Convention succède à la Législative. Sur les quarante-trois députés bretons qui en font partie, un seul, au procès de Louis XVI, vote la mort sans condition. L'assemblée se divise. **Lanjuinais**, en de prophétiques paroles, lui montre en vain la guerre civile étendant partout ses ravages et la dictature s'avançant sur des monceaux de ruines. Les montagnards, appuyés sur Paris, décrètent l'arrestation des Girondins, qui comptent sur les provinces et que leurs adversaires accusent de vouloir créer une république fédérative, détruire l'unité de la nation. *Les départements bretons embrassent le parti des Girondins.*

La Convention, supposant à l'ancienne Bretagne des sentiments séparatistes, y envoie des représentants en mission pour y réprimer à la fois le fédéralisme et la contre-révolution. L'un d'eux, *Carrier*, reste tristement fameux. Il rencontre à Rennes d'énergiques citoyens, le tailleur **Leperdit**, l'évêque constitutionnel **Le Coz**, qui s'opposent à ses projets sanguinaires. Mais à Nantes, il déploie une férocité sans nom, jusqu'au jour où la Convention, enfin éclairée sur ce monstre, le rappelle à Paris. Un des plus douloureux épisodes de *la Terreur* est la condamnation par le tribunal révolutionnaire de Brest des vingt-six administrateurs du Finistère, qui meurent en criant : « Vive la République ! »

**La Chouannerie.** — La loi sur la constitution civile du clergé fut fort mal accueillie en Bretagne. La plupart des prêtres refusèrent le serment prescrit. Les uns émigrèrent à Jersey ou en Angleterre. D'autres se cachèrent dans le pays et prêchèrent l'insurrection. « *Habitués à ne jamais porter les yeux au delà de leurs champs de seigle et de blé noir, les habitants des campagnes ne comprenaient pas que la Révolution leur apportait malgré eux un peu de liberté.* » (Dubreuil.) Ils aimaient leurs recteurs et en subissaient l'influence. Une mesure les atteignit directement. Pour défendre la patrie menacée, la Convention décida une levée de 300.000 hommes. *Plutôt que d'obéir*, dans tout l'ouest de la France, poussés par les prêtres réfractaires, *les paysans se soulevèrent* (1793).

*Le Tocsin des Chouans.*

(D'après Couturier. — Salon de 1879.)

La guerre civile de Vendée fut surtout amenée par les excitations des prêtres réfractaires. Ici, nous voyons les Chouans (on appelait ainsi les paysans vendéens qui avaient pris pour signe de ralliement le cri de la chouette) se réunir autour d'une église dont la cloche sonne à toute volée. Remarquez les armes qui sont entre leurs mains : fusils, fourches, faux, leurs grands chapeaux, leur air résolu. Sans doute, ils s'apprêtent à repousser une attaque.

Les *Vendéens* firent à la République une véritable guerre qui s'étendit dans la Loire-Inférieure et dans l'Ille-et-Vilaine. D'abord victorieux, puis repoussés à *Nantes* et à *Granville*, ils succombèrent au *Mans*, à *Savenay*, et Hoche pacifia le pays.

Commencée avant la révolte vendéenne, la chouannerie dura, avec des périodes de tranquillité relative, jusqu'au Consulat et désola toute la Bretagne. Elle fut organisée par des agents royalistes : *La Rouërie*, *Puisaye*, *Cormatin*. Les Chouans se réunissaient par petites bandes qui opéraient surtout la nuit. Protégés par les landes, les bois, les chemins creux, commandés par des chefs habiles (*Cadoudal*, *Boishardy*, etc.), connaissant fort bien le pays, ils savaient échapper aux colonnes des bleus envoyés à leur poursuite. Ils finirent par se livrer à d'odieux brigandages, tuant avec des raffinements de cruauté les acquéreurs de biens nationaux, les prêtres constitutionnels et les patriotes comme *Sauveur* à la Roche-Bernard et *Poullain-Corbion* à Saint-Brieuc.

Vers la fin de juin 1795, une escadre anglaise débarqua sur les côtes du Morbihan cinq régiments d'émigrés. Quinze mille Chouans se levèrent pour les joindre. Hoche, avec une faible armée, refoula les royalistes dans la presqu'île de *Quiberon* et les obligea à se rendre. La Convention se montra inexorable dans l'application de la loi. Les paysans révoltés furent renvoyés dans leurs villages, mais l'on fusilla les émigrés près d'*Auray*.

**De toutes les provinces françaises, la Bretagne est celle qui a le plus souffert de ces luttes fratricides fomentées par les contre-révolutionnaires et les étrangers.**

**Les Bretons au service de la République. — Pendant ces déplorables troubles civils, de nombreux Bretons, sur terre et sur mer, servent la France contre ses ennemis.**

*Statue de Robert Surcouf à Saint-Malo.*

L'étudiant en droit **Moreau**, parti en 1791 à la tête d'un régiment de volontaires d'Ille-et-Vilaine, ne tarde pas à devenir l'un des meilleurs généraux de l'époque. **La Tour d'Auvergne**, de Carhaix, bien qu'appartenant à la noblesse, refuse d'émigrer; il se distingue, aux Pyrénées et sur le Rhin, par sa vaillance et son désintéressement. Ce sont surtout des marins bretons qui montent le vaisseau *Le Vengeur* et qui, au combat d'Ouessant, meurent glorieusement pour la République (1794). Enfin un hardi corsaire malouin, **Robert Surcouf**, accomplit une multitude d'exploits et inflige des pertes énormes au commerce anglais.

**Résumé. — 1.** *Le tiers-état et le bas-clergé furent seuls en Bretagne à envoyer des députés aux Etats généraux de 1789.*

**2.** *Après le 4 août 1789, malgré les protestations du Parlement de Rennes, les privilèges de la Bretagne furent abolis.*

**3.** *La Bretagne et l'Anjou donnèrent à Pontivy l'exemple d'une* *union ou fédération destinée à défendre les conquêtes de la Révolution.*

4. *La Terreur sévit en Bretagne avec Carrier et, pendant de longues années, des bandes de Chouans, paysans ignorants et fanatisés, désolèrent le pays.*

5. *Mais de nombreux Bretons combattirent sur terre et sur mer pour le salut de la République.*

**Questionnaire.** — 1. Que savez-vous des élections aux États généraux en Bretagne? — 2. Parlez de la nuit du 4 août et de la protestation du parlement; — des fédérations de Pontivy; — de la Terreur. — 3. Quelles sont les causes de la chouannerie? que savez-vous des Chouans et de l'expédition de Quiberon? — 4. N'y eût-il pas des Bretons qui combattirent les étrangers?

## II. — LA BRETAGNE ET LES BRETONS AU XIX<sup>e</sup> SIÈCLE

(A étudier après les chapitres XV à XX du Cours moyen.)

**La Bretagne sous le Consulat et l'Empire.** — L'histoire de la Bretagne se confond désormais avec celle de la France. Quelques faits particuliers et des hommes remarquables à divers titres méritent cependant d'être rappelés.

Au commencement du Consulat, *Cadoudal* essaya de réveiller la chouannerie. Il échoua et eut alors recours aux complots. Arrêté, il monta sur l'échafaud (1804). Bonaparte accusa de complicité *Moreau*, le glorieux vainqueur de Hohenlinden, qu'il redoutait comme rival. On ne découvrit contre lui aucune preuve certaine de culpabilité. Banni, il se retira en Amérique. Il en revint en 1813, à la prière du tsar, oubliant par haine de Napoléon son devoir envers la France. Un boulet le frappa mortellement à Dresde dans les rangs de nos ennemis. Bonaparte aurait voulu s'attacher *Chateaubriand*. Mais, après l'assassinat du duc d'Enghien, le grand écrivain se déclara l'adversaire irréconciliable de « l'usurpateur ».

*Chateaubriand.*
(D'après Girodet. — Musée de Saint-Malo.)

D'autres Bretons servirent le régime impérial. Le ministre de la police, *Fouché*, ancien conventionnel, avait prêté son concours au 18 brumaire. Comblé de biens et d'honneurs par l'empereur, il le trahit après Waterloo. *« Il ne lui manqua rien en habileté,* a dit Lamartine, *peu en bon sens, tout en vertu. »* *Bigot de Préameneu* travailla à la rédaction du code civil. Le général *Lariboisière,* commandant l'artillerie de la garde, contribua au gain de nombreuses batailles. Le contre-amiral *Linois* battit, en 1801, une flotte anglaise dans la baie d'Algésiras. Enfin des corsaires, *émules de Surcouf,* sortant des ports de Saint-Malo, Morlaix, Brest, Lorient, Nantes, capturèrent un grand nombre de vaisseaux anglais. Eux-mêmes éprouvèrent de fréquents revers et plusieurs milliers de leurs matelots subirent une dure captivité sur les pontons britanniques.

**Les Cent-Jours.** — La nouvelle du retour de l'île d'Elbe fut diversement accueillie en Bretagne. La jeunesse libérale, voyant dans l'empereur le fils de la Révolution et le protecteur des conquêtes sociales que le retour des émigrés menaçait, forma aussitôt une fédération. Nantais et Rennais levèrent des bataillons de volontaires. De leur côté, sur différents points, particulièrement dans le Morbihan avec *de Sol de Grisolle,* les royalistes, renouvelant la chouannerie, soulevaient les paysans contre Napoléon, *« exterminateur d'hommes et surtout persécuteur du pape ».*

Trois cents élèves du collège de Vannes, *« qui avaient sucé le lait sanglant de la guerre civile »* (J. SIMON), s'unirent à leurs pères pour combattre sous le drapeau blanc. Partout, à *Redon,* à *Auray,* en *Vendée,* l'insurrection fut vaincue. Mais elle avait forcé l'empereur à détacher dans l'ouest plusieurs divisions. Leur présence eût pu changer le succès des armes à la journée de Waterloo, où le Nantais *Cambronne,* avec la vieille garde, se battit comme un lion et, sommé de se rendre, fit aux ennemis une énergique réponse

**La Restauration.** — Ce fut alors l'invasion des alliés, amis des anciens émigrés, ennemis du peuple. 33.800 Prussiens avec 7.800 chevaux occupèrent, en septembre 1815, le département d'Ille-et-Vilaine, une partie de la Loire-Inférieure et l'arrondissement de Dinan. Il fallut les loger, les nourrir, leur fournir de l'eau-de-vie et du tabac. Ils maltraitèrent les paysans, les maires eux-mêmes. Dans certaines communes, il n'y eut peut-être pas un seul habitant qui n'eût été battu ou volé. Ils disaient volontiers qu'ils payaient de retour les maux causés chez eux par les armées napoléoniennes. (VIGNOLS.)

Aux calamités de l'occupation étrangère s'ajoutèrent les vengeances de la **Terreur blanche**. Des tribunaux exceptionnels fonctionnèrent comme aux plus mauvais jours des luttes civiles.

Leur plus célèbre victime en Bretagne fut le général *Travot*. Il s'était jadis distingué en Vendée par sa modération. Il venait encore d'y vaincre les Chouans dirigés par *Canuel*. On l'arrêta à Lorient et, malgré l'amnistie récemment accordée, il comparut à Rennes devant une cour militaire que Canuel présidait avec une passion haineuse. Les trois avocats de Travot furent emprisonnés. Un jurisconsulte très distingué, *Toullier*, qui les avait soutenus de son autorité morale, fut révoqué de ses fonctions de doyen de la Faculté de droit. Travot, condamné à mort, vit sa peine commuée en détention perpétuelle et perdit la raison. On infligea trois mois d'emprisonnement à un homme qui avait dit en contemplant un portrait de l'empereur : « *Je le reverrai.* » Un étudiant fut condamné à un an de prison pour avoir conseillé à des camarades de ne pas arborer, au cours de droit, la cocarde blanche.

Sous la Restauration, des missions répétées, plus politiques que religieuses, inspirées par les jésuites, maintinrent les campagnes dans une obéissance passive.

Pendant la guerre d'indépendance grecque, un jeune enseigne, *Bisson*, de Guemené, assailli par des pirates, accablé par leur nombre, descendit dans la soute aux poudres du brick qu'il commandait, y mit le feu et sauta avec ses ennemis.

**La Monarchie de Juillet.** — A peine connut-on à *Nantes* les ordonnances de 1830, que des manifestations s'organisèrent contre le ministère Polignac. Les soldats tirèrent sur la foule et il y eut une dizaine de morts. Pendant ce temps, la révolution triomphait à Paris où deux polytechniciens rennais, *Vaneau* et *Papu*, moururent pour la liberté.

On accueillit favorablement, en Bretagne, le nouveau gouvernement. Pourtant il conservait un régime censitaire étroit et, s'il satisfit la bourgeoisie riche, il eut contre lui, avec les partisans du roi déchu, les bonapartistes et les républicains.

En présence des nombreux complots qui se succédaient, le légitimiste *Chateaubriand* écrivait : « *Puisque le sceptre hérédi-*

*taire est tombé quatre fois en trente-huit années; puisque le bandeau royal attaché par la victoire, s'est dénoué deux fois de la tête de Napoléon; puisque la souveraineté de juillet a été incessamment assaillie, il faut en conclure que ce n'est pas la république qui est impossible, mais la monarchie* ». Un autre grand écrivain breton, *Lamennais*, condamné par le pape pour avoir essayé de concilier la liberté et le catholicisme, rompit avec l'Eglise et mit son imagination fougueuse, sa parole ardente, son âme idéaliste au service de la démocratie.

*Lamennais.*

Deux généraux bretons se signalèrent en Algérie, sous Louis-Philippe : *Lamoricière*, l'organisateur des zouaves, qui reçut en 1847 la soumission d'Abd-el-Kader, et *Bedeau*, l'un des vainqueurs de l'Isly.

**La 2me République et le 2me Empire.** — Les élections qui suivirent le renversement de Louis-Philippe donnèrent à la Bretagne une députation très mélangée. Pour la présidence de la République, Louis-Bonaparte obtint une forte majorité en quatre départements. Le Morbihan vota pour Cavaignac, sous l'inspiration du clergé et des légitimistes, qui voyaient dans la nomination du neveu de Napoléon un obstacle au rétablissement de la royauté Trois Bretons : *Lamoricière*, *Bedeau*, *Le Flô*, furent bannis au coup d'Etat du 2 décembre.

Grâce aux mesures restrictives de la liberté et à l'ignorance des électeurs, la vie politique un moment ranimée s'éteignit de nouveau. Au lendemain des victoires de Crimée, Napoléon III vint visiter la Bretagne qu'il traversa au milieu des acclamations populaires. Cependant, en 1863, deux députés de l'opposition furent élus : l'un, *Glais-Bizoin*, dans les Côtes-du-Nord ; l'autre, *Lanjuinais*, fils du conventionnel, dans la Loire-Inférieure. Protestation passagère, qui ne se renouvela pas en 1869.

Un général et un amiral bretons, *de Lourmel* et *Charner*, prirent une part brillante à la campagne de Crimée, où le premier trouva la mort.

**La guerre de 1870-1871.** — Considérable est le nombre des Bretons qui firent leur devoir pendant la lutte franco-allemande ; beaucoup sont morts obscurément sur les premiers champs de bataille ou dans les prisons prussiennes.

Une mention est due au capitaine *Lambert* qui, à Bazeilles, à la tête d'une poignée d'hommes, ne se rendit qu'après avoir brûlé ses dernières cartouches. Marins et mobiles bretons vinrent prendre part à la défense de Paris. Leur bravoure était légendaire. Ils étaient « *d'une race qui meurt à son poste sans trembler, sans broncher.* » (J. SIMON.) En octobre, les francs-tireurs nantais combattirent à *Châteaudun*. En décembre, les volontaires de l'ouest luttèrent vaillamment à *Palay*, où quatre siècles et demi auparavant le Breton Richemond avait vaincu les Anglais.

L'invasion s'étendait. Gambetta chargea *de Kératry* d'organiser une armée avec les mobilisés et les francs-tireurs des départements armoricains. Un camp s'établit à *Conlie*, à quelque distance du Mans. Gambetta craignit-il de voir les chefs royalistes s'appuyer sur l'armée de Bretagne pour renverser la République ou plutôt ne disposa-t-il pas des ressources nécessaires pour en tirer parti ? Quoi qu'il en soit, douze mille hommes seulement furent armés.

Ils repoussèrent les Prussiens à *Yvré-l'Evêque*, combattirent à *Fréteval* et au *Mans*. La signature de l'armistice empêcha l'invasion de la Bretagne, où rentrèrent dans un cruel dénuement les troupes de Conlie.

**La 3me République.** — Le Gouvernement de la défense nationale, qui se constitua après Sedan (4 septembre 1870) comprenait, sur ses douze membres, trois Bretons : *Trochu*, *Glais-Bizoin*, *Jules Simon*. Un autre Breton, *de Kératry*, accepta la préfecture de police. Un cinquième, *Le Flô*, devint ministre de la guerre. Nommé ambassadeur en Russie, ce dernier conquit la confiance et l'amitié d'Alexandre II, qu'il décida à intervenir, en 1875, pour empêcher l'Allemagne d'attaquer la France.

Aux élections de 1871, la crainte que des adversaires intéressés surent inspirer aux Bretons contre la République et les républicains, les fit voter en grand nombre pour des députés royalistes. Depuis, malgré divers troubles passagers dans lesquels ont joué un grand rôle les monarchistes impénitents et le clergé mécontent des lois de laïcité et de séparation, **le progrès démocratique s'est accentué,** à mesure que se développait l'instruction.

**Ecrivains, savants, artistes.** — « *Quelles que soient les beautés de la nature en Bretagne, le plus beau pays de France, bien plus, le plus beau pays du monde, triste et gai tour à tour, avec ses plages redoutables et ses coteaux embaumés, que sont-elles auprès de sa moisson de grands hommes?* » (V. BASCH.) A nulle autre époque, ce jugement ne paraît plus vrai qu'au XIXe siècle.

*Monument de Renan à Tréguier.*

Ce monument, dû au sculpteur breton Jean Boucher, a été inauguré en 1903. Derrière le philosophe, assis sur un banc, la tête inclinée, la statue allégorique de Pallas-Athéné se dresse. La déesse de la sagesse et de l'intelligence tient dans sa main droite levée vers le ciel une branche de laurier.

En littérature, quatre noms dominent : **Chateaubriand** (1768-1848), brillant écrivain, auteur d'*Atala*, de *René*, du *Génie du Christianisme*, des *Martyrs* ; — **Lamennais** (1782-1854), esprit élevé, passionné, auteur des *Paroles d'un croyant* et du *Livre du peuple* ; — **Brizeux** (1801-1856), le plus grand des poètes bretons ; — **Renan** (1823-1892), philosophe, moraliste, historien, au style plein de grâce et de force. Combien d'autres brillent au second rang : le philosophe *J. Simon*; les romanciers *E. Souvestre* et *P. Féval*; les littérateurs *H. Lucas* et *Monselet*; les historiens *Duchâtellier* et *la Borderie*; les érudits *La Villemarqué* et *Luzel* dont les œuvres ont contribué à la renaissance des études celtiques; les poètes *Boullay-Paty* et *Elisa Mercœur*... pour ne citer que ceux qui ne sont plus.

Les sciences s'honorent des médecins *Laënnec*, auteur d'une nouvelle et précieuse méthode d'auscultation, et *Broussais*; des chirurgiens *Jobert de Lamballe* et *Guérin*, qui a répandu l'usage du pansement ouaté; du naturaliste *Le Maout*; de l'économiste *Moreau de Jonnès*; de l'ingénieur *Dupuy de Lôme*, auquel la construction navale doit de grands progrès.

Enfin le compositeur *Victor Massé*; les peintres *Hamon*, *Delaunay*, *Dupré*, *Luminais*, *Toulmouche*, *Yan d'Argent*, ont produit un grand nombre d'œuvres estimées.

**Résumé. — 1.** *Sous le Consulat, l'Empire et les Cent-Jours, des Bretons combattirent Napoléon pendant que d'autres le servaient.*

**2.** *La Bretagne n'échappa pas à la Terreur Blanche et, avec Louis XVIII et Charles X, elle subit le joug de l'ancienne noblesse et du clergé tout-puissant.*

**3.** *Les événements locaux sont peu importants de Louis-Philippe à Napoléon III.*

**4.** *De nombreux Bretons luttèrent vaillamment contre les Prussiens pendant la guerre franco-allemande.*

**5.** *Depuis cette époque, le progrès démocratique s'est accentué à mesure que se développait l'instruction.*

**6.** *Aucune province n'a produit au XIXe siècle autant d'hommes remarquables que la Bretagne.*

**Questionnaire.** — 1. Dites ce que vous savez des Bretons qui combattirent Napoléon et de ceux qui le servirent. — 2. Parlez des Cent-Jours, de la Restauration, de la Monarchie de Juillet, de la 2me République et du 2me Empire. — 3 Montrez la part prise par les Bretons à la défense nationale en 1870. — 4. Parlez de la 3me République et des hommes qui ont honoré la province au XIXe siècle.

## III. — LA VIE SOCIALE ET ÉCONOMIQUE AU XIXe SIÈCLE

(A étudier après le chapitre XX du Cours moyen.)

### SUPERFICIE ET POPULATION COMPARÉES DE LA FRANCE ET DE LA BRETAGNE

| | SURFACE | | POPULATION | | |
|---|---|---|---|---|---|
| | Totale | Moyenne par commune | Totale | Par kilom. carré | Moyenne par commune |
| FRANCE ..... | 536.408 km² | 1.480 ha | 39.252.245 | 73 | 1.083 |
| BRETAGNE ... | 34.459 km² | 2.265 ha | 3.258.314 | 94 | 2.142 |

Examinons ce tableau. Il nous montre clairement quelle place tient la Bretagne dans la grande patrie, dont elle occupe *un quinzième en surface.* Très peuplée, elle nourrit le *douzième des Français.* Sa population n'est pas également répartie sur tout le territoire : la densité en est plus grande sur les côtes.

Sauf Rennes et Fougères, ses villes les plus importantes se trouvent au bord de la mer ou sur les estuaires que remonte le flot. A l'intérieur, les agglomérations ne sont que de gros bourgs, tout

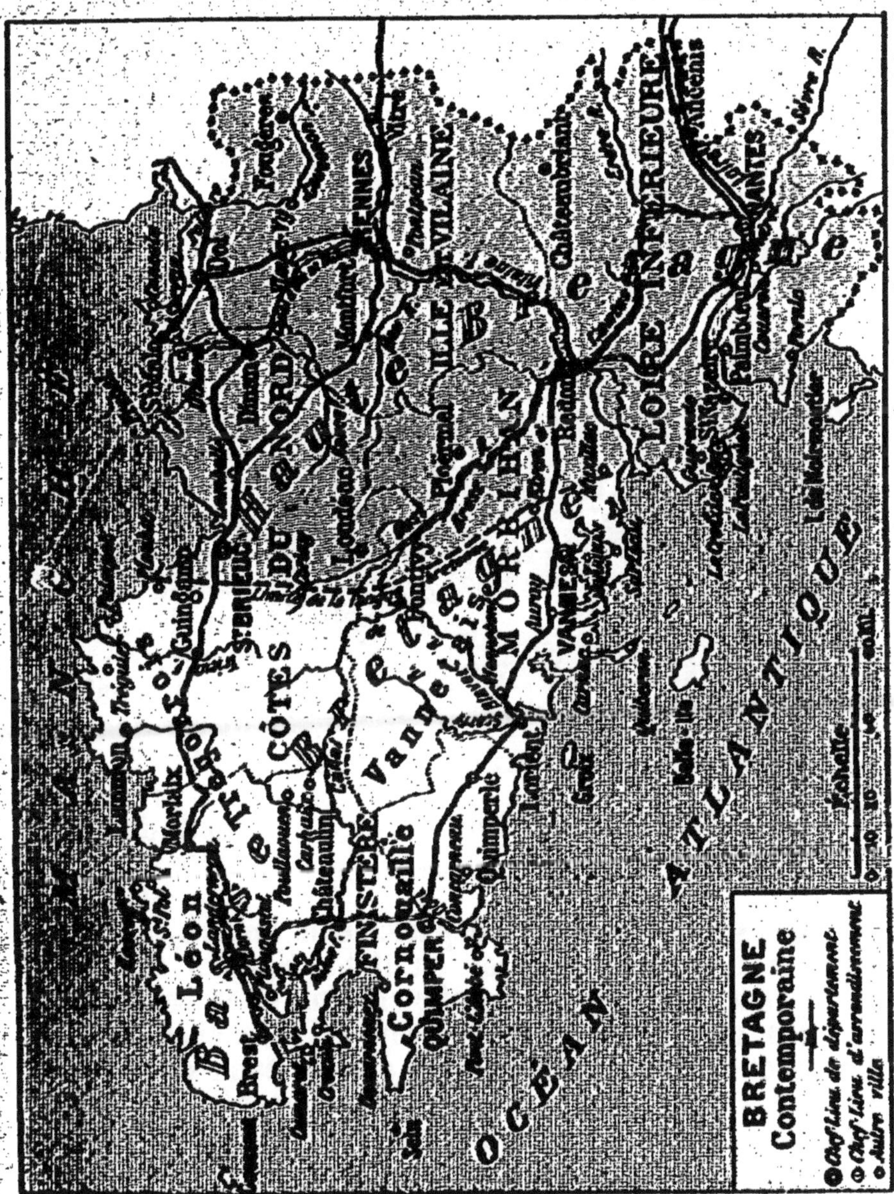


au plus de modestes cités. Les communes rurales ont comme chefs-lieux de petits villages et renferment de nombreux hameaux ou des fermes isolées, dispersés sur des étendues souvent considérables.

Pays de roches primitives, sans cesse battu par les vagues, la *Basse-Bretagne* se divise en deux régions naturelles : l'*Ar-Mor*, zone littorale et l'*Ar-Coat*, région montagneuse intérieure. Plus riche, ouverte depuis plus longtemps aux influences du dehors et n'ayant qu'un bien moindre développement de côtes, la *Haute-Bretagne*, déjà continentale, se distingue moins des contrées limitrophes. Mais on peut dire que la province, dans son ensemble, est avant tout *agricole et maritime.*

**L'agriculture.** — Depuis la Révolution, de notables progrès se sont accomplis en agriculture. Le *domaine congéable*, obstacle à l'initiative du fermier ou colon, ne se rencontre plus guère qu'en Cornouaille et dans le Morbihan. Il semble condamné à une prochaine disparition. *On a défriché*, dès la première moitié du XIX<sup>e</sup> siècle de vastes étendues de landes dans les divers départements bretons, surtout dans la Loire-Inférieure et en Ille-et-Vilaine. Ailleurs (Morbihan, Finistère) *on reboise* en pins et en sapins les terrains médiocres qui abondent. A l'embouchure du Couesnon, une société a conquis sur les eaux de fertiles polders. De nouvelles méthodes d'assolement, l'introduction d'engrais chimiques, l'emploi d'instruments perfectionnés, ont à peu près supprimé le déplorable système de la jachère et l'écobuage.

*Intérieur de ferme bretonne.*

(D'après un tableau de J. Benoit-Lévy).

*Les céréales, blé, avoine, sarrasin, forment la culture dominante.* Le seigle a reculé devant le froment, sauf en certains cantons de l'Ar-Coat. L'orge se sème çà et là dans l'Ar-Mor et en Haute-Bretagne. Le lin a bien diminué d'importance même dans le Trégorrois et le Léon. Citons encore le tabac aux environs de Dol et les châtaignes de Redon.

*Le pommier joue un grand rôle* en Ille-et-Vilaine, dans les Côtes-du-Nord, dans le Morbihan et vers Quimperlé. « *On redoute les années trop abondantes en pommes,* écrivait en 1816, un préfet de la Restauration, *parce que les gens des campagnes s'enivrent.* » Aujourd'hui, grâce au développement des voies ferrées, les pommes et le cidre s'exportent au loin et contribuent à l'aisance du paysan. Le pays nantais récolte toujours des vins blancs, dont le plus estimé porte le nom de *muscadet.*

Les préventions contre la pomme de terre se sont évanouies depuis de longues années. Sa culture est particulièrement florissante sur les côtes. En certains points du littoral de la Manche et de l'Océan, ou, comme on aime à dire, *de la ceinture dorée de la Bretagne, à Saint-Malo, Lézardrieux, Roscoff, Plougastel, Pont-l'Abbé,* le climat humide et doux, les engrais marins (goémon, tangue, maerl), le bon marché de la main-d'œuvre, permettent une culture maraîchère intensive, qui produit quantité de primeurs achetées en grande partie par l'Angleterre : partout, la pomme de terre précoce ou pomme prime ; à Roscoff, des artichauts, des choux-fleurs, des oignons ; à Plougastel, des fraises ; à Pont-l'Abbé, des petits pois.

*Château de la Prévalaye, près de Rennes.*

**Ce château donne son nom à un beurre renommé. Henri IV séjourna à la Prévalaye lors de son voyage en Bretagne (1598).**

*Aux prairies artificielles* introduites en Bretagne dans les dernières années de l'ancien régime, s'est ajoutée la culture des *racines fourragères :* betteraves, carottes, navets, panais. C'est que *l'élevage* est devenu de nos jours une des principales préoccupations du cultivateur.

La vache bretonne est petite, bonne laitière, bien adaptée au pays ; elle occupe encore de vastes régions. On élève dans les cantons fertiles d'autres races plus grandes, pures ou croisées (durham, normande, vendéenne). Le beurre breton, déjà renommé du temps de Mme de Sévigné, se classe parmi les meilleurs quand il est bien fabriqué (*beurre de la Prévalaye*). Les Espagnols achètent le solide bidet breton de l'Ar-Coat et les Allemands, les grands chevaux du Léon, du Trégorrois. Peu de moutons, sauf vers Carhaix. Partout beaucoup de porcs, que l'on engraisse pour la vente ou pour la consommation de la ferme.

On reproche cependant à nos paysans *leur esprit routinier*. Leur prudence dégénère en méfiance, parce que *leur instruction est insuffisante*. Longtemps, ils se sont montrés rebelles aux idées d'association et chez eux syndicats, caisses de crédit, mutualités ne recrutent encore que difficilement des adhérents.

**La pêche.** — Sur les longues côtes si étrangement découpées de la Bretagne habite tout un peuple *d'inscrits maritimes*. Pendant une partie de leur vie, ils *« naviguent à l'Etat »*; pendant l'autre, ils pêchent, laissant au logis la femme qui cultive le lopin de terre. Ils gardent, même au loin, l'amour du village natal, où les maisons *« se pelotonnent pour mieux résister à la tempête »*. (VALLAUX.)

*La pointe du Raz.*

La pointe du Raz termine la Bretagne en face de l'île de Sein. La mer voisine est l'une des plus redoutées des marins bretons à cause de ses dangers.

Les marins de *Saint-Malo*, de *Paimpol* et de *Groix* se livrent à *la grande pêche*. Les premiers vont à Terre-Neuve, les seconds « à Islande » chercher la morue. Ils restent de longs mois absents. « *Terre-neuvâs* » et « *Islandais* » mènent une vie d'autant plus pénible qu'ils ne trouvent pas toujours à bord les soins, la propreté, le confortable dont ils auraient tant besoin. Beaucoup partent qui ne reviennent pas. *Les Grésillons*, c'est ainsi qu'on nomme les habitants de Groix, ne s'expatrient pas si longtemps.

Mais ils vont au large, sur leurs grandes embarcations, pour pêcher, en hiver, au chalut, toutes sortes de poissons, et, en été, pour prendre à la ligne, dans le golfe de Gascogne, le germon ou thon de l'Océan.

*Pêcheurs de sardines.*

On voit, sur cette gravure, les filets à mailles très fines qui servent à pêcher la sardine et, au fond de la barque, les sardines qui viennent d'être capturées.

*La petite pêche* occupe un bien plus grand nombre de marins. Les uns poursuivent les crustacés (homards, langoustes) ; d'autres les soles, les turbots, les maquereaux, les harengs, les raies, les dorades. D'autres enfin, des milliers, se livrent à la pêche bretonne par excellence, *celle de la sardine*. Ceux-ci se servent de filets à mailles très fines et d'un appât appelé rogue. Leurs bateaux ne s'éloignent jamais à de grandes distances du rivage. Leur pêche est plus ou moins fructueuse et les prix varient d'un jour à l'autre. Dans les mauvaises années, c'est la misère, et ces années ne sont pas rares, sans doute parce que les traditions empêchent d'employer, comme les Espagnols et les Portugais, des filets plus grands et mieux conditionnés. Le marin breton *est aussi routinier* que le paysan. Il est également réfractaire à l'association et, alors qu'armateurs et usiniers s'unissent, il demeure faible et isolé. Les écoles de pêche contribueront à éclairer sa pratique des choses de la mer, à lui enseigner les bienfaits de la solidarité.

On pêche fort peu la sardine dans la Manche. Mais de *Camaret* à *Noirmoutier*, chaque petit port a sa flottille de bateaux sardiniers. Cette pêche a donné naissance, depuis le milieu du XIXe siècle, à la plus florissante des industries bretonnes, *celle des conserves alimentaires*.

Les *confiseries* ou usines se sont établies sur toute la côte, jusque dans les moindres villages, car la sardine se corrompt rapidement et doit s'employer aussitôt débarquée. Après la cuisson et la mise en boîtes, les conserves (on utilise aussi du thon, des maquereaux, des légumes) sont envoyées à Nantes, au Mans, à Paris, pour être vendues dans le monde entier.

Citons encore parmi les industries nées de la mer : l'*ostréiculture* à *Cancale* et aux environs d'*Auray* ; *la récolte du sel* au *Croisic* et à *Batz* ; la fabrication de la *soude* et de l'*iode* avec des cendres de varechs ; les *stations balnéaires* enfin, dont les plus fréquentées sont celles de *Paramé*, *Saint-Malo*, *Dinard* sur *« la côte d'Emeraude »*, du *Pouliguen*, de *La Bole*, de *Pornichet* à l'embouchure de la Loire.

**Autres industries.** — Si l'on excepte la pêche et la fabrication des conserves, l'activité industrielle est faible.

La Bretagne possède des gisements de fer, d'antimoine, d'étain, voire même d'or et de houille, mais leur richesse semble médiocre et ils ne sont que peu ou point exploités. Les mines de plomb argentifère de *Poullaouen*, de *Pontpéan* et de *Vieux-Vy*, qui eurent des périodes de prospérité, ont cessé leurs travaux. Les carrières, principalement celles de granit et d'ardoise, représentent à peu près seules maintenant l'industrie extractive.

La fabrication des toiles n'emploie plus qu'un nombre restreint de métiers (environs de *Guingamp*). Le bon marché et l'abondance des tissus de coton, la disparition des navires à voile sont les principales causes de sa décadence.

On trouve cependant, à d'assez grandes distances l'un de l'autre, *quelques centres industriels importants.*

Ce sont pour les industries libres : le *groupe de Nantes* (raffineries, biscuiteries, conserves, fonderies de cuivre et de plomb de Couëron) ; le *groupe de Saint-Nazaire* (chantiers de construction, fonderies de Trignac) ; *Hennebont* (tôles et fers-blancs imprimés pour la fabrication des boîtes à conserves) ; *Fougères* (chaussures) ; — et, pour les industries d'Etat : *Brest*, *Lorient* (arsenaux et chantiers de la marine militaire dont *Indret* fabrique les machines à vapeur) ; *Rennes* (arsenal militaire, ateliers des chemins de fer de l'État) ; *Nantes*, *Morlaix* (manufactures de tabacs).

**Voies de communication.** — *Une des caractéristiques du XIX<sup></sup>e siècle est le développement progressif des voies de communication.* On a rectifié les grandes routes, établi les chemins vicinaux. Les canaux de *Nantes* à *Brest*, du *Blavet* et d'*Ille-et-Rance* furent commencés sous Napoléon et livrés à la navigation pendant le règne de Louis-Philippe. Puis parurent les chemins de fer, qui luttèrent victorieusement contre nos voies fluviales et réduisirent à un faible trafic les canaux bretons.

Les deux grandes lignes de *Rennes à Brest* et de *Nantes à Quimper* datent de Napoléon III. Des embranchements côtiers, des lignes de jonction, des lignes de pénétration à voie

*Viaduc de Morlaix.*

**Le chemin de fer de Paris à Brest passe sur ce magnifique viaduc, qui traverse la rivière de Morlaix en la dominant d'une hauteur de près de 60 mètres et dont la longueur totale atteint 281 mètres.**

normale ou à voie étroite se sont multipliées *sous la troisième République.* Des travaux importants (bassins, jetées, quais) ont amélioré nos ports et plus particulièrement *Saint-Nazaire* et *Nantes.* Un canal maritime permet à ce dernier de recevoir, malgré l'ensablement de la Loire, des vaisseaux de fort tonnage. Le nombre des phares s'est accru dans les parages les plus dangereux et les plus fréquentés.

Le mouvement commercial, ainsi favorisé, *est devenu plus actif.* La Bretagne vend désormais, à des conditions avantageuses, les produits de son sol, de sa pêche et de son industrie.

**Emigration bretonne.** — La Bretagne, la Basse-Bretagne surtout, où le taux des salaires de l'ouvrier agricole est peu élevé, a ses émigrants. Leur nombre a augmenté parallèlement à la facilité des communications. Les uns ne quittent leurs villages que pour quelques semaines ou quelques mois chaque année. Tels sont : les *Roscovites* qui vont par centaines vendre des oignons en Angleterre ; *les arracheurs de pommes de terre de Jersey*, pour la plupart originaires des environs de *Lannion* et de *Tréguier*; *les moissonneurs de la Beauce*, qui appartiennent aux cantons pauvres de l'*Art-Coat*. Les autres s'éloignent sans grand espoir de retour et se rendent un peu partout : à Trélazé, au Havre, à Paris où le nombre des domestiques venus de Bretagne est considérable ; très peu à l'étranger. *Combien de ces déracinés vivraient plus libres, plus heureux dans leur pays natal !*

**La Terre du passé.** — Avec les routes et les chemins de fer, avec la vapeur et l'électricité, peu à peu les idées nouvelles pénètrent jusque dans les cantons les plus reculés de l'Armorique. Les écoles, le service militaire, la vie maritime, l'émigration, en développant le champ des observations, sont aussi de puissants facteurs de progrès. **La Terre du passé**, comme l'appellent ses poètes, reste encore cependant dans l'Ar-Coat et dans l'Ar-Mor attachée à ses mœurs. Les vieux costumes pittoresques se maintiennent çà et là. Artisanes et paysannes conservent leurs coiffes dont la forme et les dimensions varient singulièrement d'une région à l'autre. Les pardons du *Trégorrois*, du *Léon*, de la *Cornouaille*, du *Vannetais* sont

*Femmes de Plougastel-Daoulas au Pardon de sainte Anne la Palud.*
(D'après un tableau de Charles Cottet).

toujours de grandes fêtes où l'on honore les saints locaux et où l'on danse au son du biniou.

Bien peu de Bas-Bretons n'entendent pas le français; mais plus d'un million parlent journellement entre eux l'un ou l'autre des quatre dialectes de la *langue bretonne*. Elle a ses écrivains, ses journaux, ses apôtres, dont l'action en sa faveur est pleine de passion et d'amour. Si la langue est bien défendue, sur certains points, avouons-le, la race est menacée. Déjà à l'époque de Colbert, l'ivrognerie sévissait en Armorique et beaucoup de nobles eux-mêmes pratiquaient ce vice, source de dégradation et de brutalité. Aujourd'hui l'*alcoolisme* s'étend comme un fléau, principalement sur les populations maritimes. Il faut l'endiguer, le détruire, développer les sentiments élevés, le respect de soi, l'esprit de solidarité, le goût des distractions délicates, afin que la Bretagne ait toujours des enfants dignes d'elle et pour que la terre du passé, « *riche de réserves intellectuelles et morales* » (DOTTIN), fidèle à ces fières devises :

*Costume des paysans de Plougastel-Daoulas.*

**Plutôt la mort que la souillure,**

**Vivre libre ou mourir.**

**Araok : « En avant ».**

soit aussi une terre d'avenir.

**Résumé. — 1.** *La surface de la Bretagne est égale au quinzième, sa population au douzième de celles de la France.*

**2.** *L'agriculture y a fait de très grands progrès depuis la Révolution.*

**3.** *Des côtes bretonnes partent d'excellents marins et d'habiles pêcheurs. La pêche de la morue et de la sardine sont les plus importantes.*

**4.** *La Bretagne n'est pas un pays industriel, cependant l'industrie des conserves est très prospère et quelques centres ont des usines ou des chantiers actifs.*

**5.** *Le commerce est favorisé par l'amélioration continue des voies et des moyens de communication.*

**6.** *Bien que ses poètes l'appellent la Terre du passé, la Bretagne, avec quelque lenteur, a suivi le mouvement de la civilisation; elle ne s'arrêtera pas dans la voie du progrès.*

**Questionnaire.** — 1. Parlez de l'étendue, de la population et du caractère général de la Bretagne. — 2. Dites ce que vous savez de l'agriculture bretonne et des progrès accomplis. — 3. Que savez-vous de la grande pêche et de la pêche de la sardine? — 4. Parlez de l'industrie des conserves alimentaires, des autres industries bretonnes et du développement des moyens de communication. — 5. Que savez-vous de l'émigration bretonne et de l'état actuel du pays? — 6. A quelles conditions « la Terre du passé » sera-t-elle une terre d'avenir?

# TABLE DES MATIÈRES

## CHAPITRE I

### La Bretagne. — Les Origines.

I. La Bretagne avant la conquête romaine . . . . . 6
II. La Bretagne romaine . . . . . . . . . . . . . 8
III. Établissement des Bretons en Armorique . . . . 11
IV. Fondation du duché de Bretagne . . . . . . . . 15

## CHAPITRE II

### Le duché de Bretagne avant sa réunion à la France.

I. La Bretagne sous ses ducs nationaux. . . . . . . 19
II. La Bretagne sous les ducs étrangers : *Les Plantagenets; Pierre Mauclerc* . . . . . . . . . . . . . 21
III. La guerre de succession de Bretagne au XIVe siècle : *Blois et Montfort* . . . . . . . . . . . . 24
IV. Les ducs de la Maison de Montfort : Lutte des partis français et anglais . . . . . . . . . . . . 28
V. François II. — Lutte contre Louis XI et Charles VIII. — Défaite des Bretons. . . . . . . . . . 30

## CHAPITRE III

### L'Ère moderne.

I. Réunion de la Bretagne à la France . . . . . . . 34
II. La Bretagne du XVIe au XVIIIe siècle. . . . . . . 38
III. Organisation administrative. — Impôts. — Droits féodaux . . . . . . . . . . . . . . . . . . 43
IV. La vie sociale et économique . . . . . . . . . 48
V. La vie intellectuelle . . . . . . . . . . . . 54

## CHAPITRE IV

### L'Époque contemporaine.

I. La Révolution en Bretagne . . . . . . . . . . 61
II. La Bretagne et les Bretons au XIXe siècle . . . . 66
III. La vie sociale et économique au XIXe siècle . . . 72

www.ingramcontent.com/pod-product-compliance
Ingram Content Group UK Ltd.
Pitfield, Milton Keynes, MK11 3LW, UK
UKHW021005200726
13857UKWH00004B/1289